Faire und unfaire Verhandlungstaktiken

- und wie man sich gegen unfaire Taktiken wehren kann -

Dieter Dommann

VWEW
Verlags- und Wirtschaftsgesellschaft
der Elektrizitätswerke m.b.H.
Frankfurt/Main

VDE-VERLAG GmbH
Berlin und Offenbach

CIP-Kurztitelaufnahme der Deutschen Bibliothek

Dommann, Dieter:
Faire und unfaire Verhandlungstaktiken – und wie
man sich gegen unfaire Taktiken wehren kann /
Dieter Dommann. – Frankfurt am Main : VWEW-Verlag;
Berlin : VDE-Verlag, 1982.
  ISBN 3-8022-0049-7 (VWEW-Verl.);
  ISBN 3-8007-1277-6 (VDE-Verl.)

ISBN 3-8022-0049-7 (VWEW)
ISBN 3-8007-1277-6 (VDE-VERLAG)

© 1982 by Verlags- und Wirtschaftgesellschaft
  der Elektrizitätswerke m.b.H., Frankfurt/Main

Gesamtherstellung: Verlagsdruckerei VDE-VERLAG GmbH, Berlin

Inhaltsverzeichnis

0 Einführende Betrachtung

Tag für Tag führen wir Gespräche, Diskussionen und Verhandlungen mit mehr oder weniger schwierigen Gesprächspartnern im geschäftlichen und im privaten Bereich. Dabei verfolgen wir oder unsere Partner oftmals bestimmte Ziele, die erreicht werden sollen. Um die anstehenden Fragen oder Probleme in eigenem Sinne zu lösen, sind wir auf ein hohes Maß an Beeinflussungskunst, Verhandlungsgeschick und Einfühlungsvermögen angewiesen. Unabhängig, ob es um den Einkauf einer Ware, einer Dienstleistung oder ob es um das Durchsetzen (Verkaufen) unserer Meinung in der Diskussion bzw. in der streitigen Auseinandersetzung geht – einer will immer etwas erreichen.

Betrachten wir das Verhalten verschiedener Menschen in konkreten Verhandlungssituationen, dann finden wir neben einer Vielzahl individueller Verhaltensweisen auch gleichförmige Elemente und gesetzmäßige Zusammenhänge. Diese ermöglichen eine Steuerung von Gesprächen oder Verhandlungen und damit eine Voraussage des Ergebnisses. Individuelle Unterschiede sind Fragen des Temperaments, der persönlichen Bedürfnisse, der Interessen, der Einstellungen und der Umweltsituation. Das Beeinflussen von anderen Menschen ist überwiegend ein psychologischer Prozeß. Wenn wir uns die geistig-seelische Struktur des Menschen ansehen, so finden wir neben dem schmalen Bereich des Verstandes (dem Rationalen) den übergroßen Bereich des Unbewußten und Unterbewußten, dem Emotionalen, dem Gefühl. Während die Verstandesebene das Reich der Überlegungen, des Verstandes, der Logik ist, ist die Gefühlsebene der Bereich der Triebe, der Wünsche, der Sympathie. Entscheidungen werden häufig – oder sogar meistens – nicht mit dem Verstand, sondern mehr gefühlsgelenkt getroffen. Der Verstand wird nur vorgeschoben, um mit verstandesmäßigen Argumenten zu erklären, warum eine Entscheidung (obwohl emotionell gefallen) vernünftig ist. Die Psychologen nennen ein derartiges Verhalten rationalisieren oder einfacher gesagt »vernünfteln«.

Die Wissenschaften vom Menschen Psychologie, Pädagogik, Soziologie und Verhaltensforschung tragen mit ihren neuesten Forschungsergebnissen dazu bei, Menschen, mit denen wir verhandeln, besser zu erkennen und entsprechend auf sie einzugehen. In der industriellen Fertigung zum Beispiel oder in der Unternehmensführung ist die systematische Anwendung ingenieur- und wirtschaftswissenschaftlicher Erkenntnisse eine Selbstverständlichkeit. Kein Unternehmen, das am Markt bestehen will, kann darauf verzichten. Das »Human engineering«, d. h. die gesteuerte, vorausberechnete Willensbildung ist dagegen auch heute noch tabuisiert, obwohl viele erfolgreiche Manager, Verkäufer bzw. Einkäufer es bewußt oder unbewußt praktizieren. Das »Know how« in diesem Bereich wird nicht gern preisgegeben, weil Überzeugungsverluste oder sogar Glaubwürdigkeitseinbußen befürchtet werden.

Der Gegner des »Human engineering« fürchten um die menschliche Würde und glauben, daß der andere Mensch manipuliert wird. Sie übersehen dabei jedoch, daß es fast keinen ungesteuerten Gesprächsverlauf gibt, weil schon durch bewußten oder unbewußten Einsatz von Mimik, Gestik oder Haltung eine Steuerung vorgenommen wird. Man spricht nicht umsonst von der Rollendominanz, die im ersten Moment entsteht, wenn sich zwei Menschen neu kennenlernen.
Um einer begrifflichen Verwirrung zwischen Gespräch, Verhandlung, Besprechung, Diskussion, Interview usw. vorzubeugen, soll für alle Ausführungen nachstehender systematischer Ansatz gelten: Gespräche zwischen Menschen können inhalts- und/oder beziehungsortientiert sein. Das inhaltsorientierte Gespräch ist das Zweckgespräch, in dem unmittelbar und planvoll ein außerhalb der Personen, der Gesprächspartner liegendes Ziel ver-

folgt wird. Es sind formell geleitete Besprechungen (Verhandlung, Diskussion, Konferenz, Interview) sowie alle Unterredungen, die ohne formelle Leitung ablaufen (z. B. Dialog).

Beziehungsortierte Gespräche sind die sogenannten Konversationsgespräche, die unmittelbar der Pflege der zwischenmenschlichen Beziehungen dienen und meistens spontan aus der Situation heraus entstehen. Mittelbar können sie allerdings im Rahmen eines Zweckgesprächs auch zur Kontaktherstellung und zur Erzeugung eines guten Gesprächsklimas verwendet werden.
Wenn wir im folgenden die einzelnen Taktiken behandeln, so beziehen sich diese überwiegend auf die Zweckgespräche Verhandlung, Diskussion und Interview unabhängig davon, ob sie innerbetrieblich, extern oder sonst wo geführt werden.

Eine Patentanweisung oder -rezepte für den Umgang mit Menschen, die gibt es nicht! In den folgenden Ausführungen soll vielmehr versucht werden, Gesetzmäßigkeiten und Ursache – Wirkung – Beziehungen aufzuzeigen, die im Kontakt mit anderen Menschen von Bedeutung sind. Gleichzeitig sollen für konkrete Verhandlungssituationen mögliche Verhaltensalternativen aufgezeigt werden. Die Entscheidung, welche Verhandlungsstrategien und -taktiken angewendet werden sollen, muß letztendlich jeder selbst treffen.

I Faire Verhandlungstaktiken

Faires Verhalten im Umgang mit anderen Menschen ist dadurch gekennzeichnet, daß die Partner versuchen, sich schrittweise zu nähern durch Herausfinden und Sichtbarmachen gemeinsamer Ziele und Positionen. Jeder soll das aufrichtige Gefühl haben, daß der eigene Standpunkt im Gespräch, in der Diskussion oder der Verhandlung hinreichend berücksichtigt und ernstgenommen wird.

Die Auseinandersetzung geschieht mit fairen Mitteln, d. h., die Beteiligten überzeugen sich in einer wechselseitigen Argumentation. Steht am Anfang die Meinungsverschiedenheit – sei es in Form von unterschiedlichen Vorstellungen, Vorschlägen oder Behauptungen – so soll am Ende die Übereinstimmung stehen. Übereinstimmung läßt sich meistens nicht auf Anhieb erreichen, sondern sie wird in einem Prozeß erlangt, der Zielstrebigkeit, Geduld und Einfühlungsvermögen und dementsprechend planvolles Vorgehen verlangt. Dieses planvolle Vorgehen wird »TAKTIK« genannt. Ein Taktiker ist somit ein planmäßig vorgehender Mensch, der klare Vorstellungen über das Ziel hat, das er erreichen will und den Weg, den er zur Zielerreichung einschlagen will. Schon bei der Vorbereitung der Verhandlung wird er sich mit der eigenen Bedarfslage, der Situation und der Persönlichkeit seines Gesprächspartners auseinandersetzen. Bei ihm wird die Verhandlungstaktik nicht sichtbar, d. h., er überzeugt durch maßvollen Einsatz von Taktiken. Er geht auf die Motivationslage des Gesprächspartners ein und paßt sich an die jeweilige Verhandlungssituation an. Er ist weich in seiner Verhandlungsform, aber hart in seiner Zielverfolgung.

Die Grenze zwischen fairem und unfairem Verhalten ist bedauerlicherweise nicht so klar zu ziehen, wie viele es sich wünschen würden. So können beispielsweise viele der im folgenden beschriebenen Techniken und Verhaltensweisen mißbraucht werden, indem sie nur zur einseitigen Interessendurchsetzung eingesetzt werden, die den Zielen des anderen zuwiderlaufen – das gilt für jede Methode. Wo auch immer die Grenze des »Noch-Zulässigen« liegen mag – faires Verhalten wird langfristig erfolgreicher sein als alle Tricks und Winkelzüge.

1   Die Vorbereitung aus der Sicht des Gesprächspartners

Ohne ein strategisches Konzept und wirksame Taktiken ist in der geschäftlichen Verhandlung langfristig kein Erfolg möglich. Improvisation – und sei sie noch so gekonnt – ist und kann kein Ersatz für Mangel an Strategie sein.

Wenn von Strategie die Rede ist, beginnt sehr schnell das Mißverständnis, weil selten zwei das Gleiche meinen. Im politischen, wirtschaftlichen und besonders im Marketing-Bereich gehört es nahezu zu den Gepflogenheiten, Strategien anzubieten. Der Begriff ist zu einem Schlagwort geworden. Die Faszination, die von dem Begriff ausgeht, ist eben größer als das Verständnis.

Wünderich hat eine Fülle von Strategie-Definitionen untersucht und bietet folgende Definition an:

»Strategie (strategein – ago = überlegene Führung des Ganzen) ist das logische Zuordnen von (im Sinne des gesetzten Ziels) entscheidenden Maßnahmen zum prognostizierten Verhalten des Gegners/Gesprächspartners unter Berücksichtigung des verfügbaren Potentials nach Stärke, Zeit und Raum zur Erlangung, Erhaltung oder Erweiterung der eigenen Handlungsfreiheit.«

Wenn man diese Strategie-Definition in die Praxis umsetzt, ergeben sich folgende Entwicklungsschritte:

1. Festlegen der eigenen Grundrichtung (Zielsetzung).
2. Prognose über das mögliche Verhalten des Gegners/Gesprächspartners aufgrund der gesammelten zweckgerichteten Informationen.

3. Das wahrscheinliche Fremdverhalten und das gewünschte Eigenverhalten müssen mit dem tatsächlich verfügbaren Potential in Beziehung gesetzt werden (Simulierung).
4. Die zur Realisierung erforderlichen Maßnahmen (Taktiken). Verhält sich der Gegner/Gesprächspartner anders als in den strategischen Überlegungen unterstellt wird, ist den Maßnahmen die Grundlage entzogen.

5. Im Sinne eines kybernetischen Regelkreises sind Korrekturen unerläßlich.

Zur erfolgreichen Vorbereitung gehört vorrangig das Festlegen der eigenen Ziele. Wir müssen uns schon vor der Verhandlung fragen:
- »Was wollen wir erreichen?«
- »Wo liegen unsere Hauptziele?«
- »Wo liegen unsere Nebenziele?«

Das sind die Schlüsselfragen, die knapp und eindeutig – am besten schriftlich – formuliert werden müssen. Gerade durch die schriftliche Fixierung der qualitativen und quantitativen Ziele zwingt man sich zur Konzentration auf das bevorstehende Problem und die Aufgabe, wobei häufig neue Gedanken und Einfälle für Lösungsmöglichkeiten als »Abfallprodukt« entstehen.
Eine Checkliste für die Vorbereitung einer Verhandlung (Bild 1) bzw. einer Einkaufsverhandlung (Bild 1a) könnte wie folgt aussehen:

	Bemerkungen
1. Gegenstand der Verhandlung	
2. Ziele der Verhandlung (Mußziele/Wunschziele)	
3. Gesprächspartner Namen: Funktion: Kompetenz:	
4. Zielvorstellungen/Argumente der Partner	Eigene Argumente
5. Gesprächsort	
6. Gesprächstermin	
7. Hilfsmittel	
8. Rollenverteilung	
9. ERGEBNIS	

Bild 1:   CHECKLISTE FÜR DIE VERHANDLUNGEN

	Bemerkungen
1. Gegenstand der Verhandlung	

2. Ziele der Verhandlung
 	
  2.1. Preis
    M/W *_____
    M/W _____
    M/W _____
    M/W _____
    M/W _____
  2.2. Qualität
    M/W _____
    M/W _____
    M/W _____
    M/W _____
    M/W _____
  2.3. Lieferzeit
    M/W _____
    M/W _____
    M/W _____
    M/W _____
  2.4. Sonstige Ziele
    M/W _____
    M/W _____
    M/W _____
    M/W _____
  * M = Mußziel W = Wunschziel	

3. Lieferant	

4. Gesprächspartner
 	
            Namen:
 	
           Funktion:
 	
       Kompetenz:	

Bild 1a: CHECKLISTE FÜR DAS EINKAUFSGESPRÄCH

5. Zielvorstellungen der Partner:	Eigene Argumente:

6. Gesprächsort:

7. Gesprächstermin:

8. Rollenverteilung:

9. Hilfsmittel:

10. ERGEBNIS:

Bild 1a (Fortsetzung): Checkliste für das Einkaufsgespräch

Mußziele sind Ziele, die unabdingbar sind, die erreicht werden müssen. Lieferanten z. B., die diese Mußziele nicht erfüllen, fallen automatisch weg. Mußziele können sich beim Einkauf von Waren oder Dienstleistungen auf den Preis, die Qualität, die Lieferzeit oder sonstige betriebliche Anforderungen erstrecken. Von diesen Mußzielen können sogenannte Wunschziele abgeleitet oder gesondert aufgestellt werden.

Je schwieriger eine Verhandlung zu sein verspricht, desto mehr Zeit muß in die Prognose des möglichen Fremdverhaltens investiert werden. Vorbereiten heißt: Vorher alle wichtigen Daten, Fragen, voraussichtlichen Einwände des Gesprächspartners oder eigene Argumente bereitet zu haben. Entscheidend für den Erfolg ist jedoch nicht die eigene Ansicht oder Meinung zu einem Sachverhalt, sondern vielmehr das Einstellen auf die vermeintlichen Probleme, Einstellungen oder Wünsche des Gesprächspartners.

Um die richtige Einstellung zu bekommen, müssen wir – bildlich gesprochen – die Dinge durch die Brille des anderen sehen. Wir müssen uns fragen:

– Mit welchen Einwänden könnte mein Gesprächspartner kommen?
– Wo liegen seine Probleme?
– Welche Argumente hat er?

Bei diesen Überlegungen werden wir uns zwangsläufig mit der Person, der Situation und den Problemen des Gesprächspartners befassen.

Hierzu gibt es ein einfaches System: Alles, was der Gesprächspartner sagen oder fragen könnte, wird auf der linken Seite einer halbierten DIN A 4-Seite aufgeschrieben (Tafel 1). Die eigenen Ausführungen zu jedem einzelnen Punkt schreibt man auf der rechten Seite des Blattes in Höhe der entsprechenden vermeintlichen Ausführung des anderen auf. So kann man erkennen, wo die Schwächen, Widersprüche oder Stärken der eigenen Argumentation liegen.

Um so viele Ideen, Anregungen, Gedanken und Argumente wie nur möglich zu bekommen, empfiehlt es sich, besonders bei schwierigen Verhandlungen, vorher Mitarbeiter, Kollegen oder Spezialisten hinzuzuziehen und ein Problemlösungsteam zu bilden. Besonders effektiv wird die Lösung eines solchen Teams sein, wenn ein Teilnehmer die Rolle des Gesprächspartners übernimmt und dabei den »advocatus diaboli« (Geistlicher, der im kath. kirchl. Prozeß Gründe gegen die Heilig- oder Seligsprechung vorbringt, allgemein scharfer Kritiker) spielt. Im Wettstreit des Pro und des Contra werden die Schwachstellen der eigenen Argumentation offengelegt. Erst wenn Strategie und Taktik klar sind, kann die Verhandlung mit größerer Effizienz und optimaler Ökonomie im Sinne der Zielsetzung durchgeführt werden.

Tafel 1: Vorbereitung aus der Sicht des Gesprächspartners

Wenn der Gesprächspartner sagt.	sagt man. . . . .
Die Anlage ist zu teuer!	„Womit haben Sie unsere Anlage verglichen?"
Kommen Sie noch mal wieder?	„Selbstverständlich sehr gern. Paßt es Ihnen am Donnerstag um 10.15 Uhr oder besser am Dienstag nachmittag?"
Keine Zeit!	„Dafür habe ich volles Verständnis. Darf ich Ihnen einen Vorschlag machen? Ich sende Ihnen die Unterlagen zu und Sie können sie sich in Ruhe ansehen. Ich komme dann auf Sie zu."
Ich bin mit meiner Anlage zufrieden (bin mit der Konkurrenz zufrieden)	„Das verstehe und respektiere ich. Bedenken Sie jedoch bitte den Vorteil, . . . !"

2 Der erste Eindruck – Aufbau eines Sympathiefeldes

Beginnt eigentlich jede Verhandlung oder jedes Gespräch mit der Begrüßung? Beginnt das Gespräch nicht schon in dem Moment, in dem wir unseren Gesprächspartner sehen, ohne mit ihm auch nur ein Wort gewechselt zu haben? Versuchen wir nicht schon beim ersten Anblick, ihn einzuordnen und zu etikettieren, indem wir Erfahrungen, die wir mit ähnlichen Menschen gemacht haben, unkritisch auf ihn übertragen?

Häufig wissen wir noch nichts von unserem Gesprächspartner und wollen ihn dennoch unbewußt einordnen. Dabei bekommen Körperbau, Körperhaltung, Gestik, Mimik, Kleidung und auch Geruch unbewußt eine für unser weiteres Verhalten prägende Bedeutung.

Es gibt im Grunde keine positive oder negative menschliche Beziehung, die nicht in irgendeiner Form von einem ersten Eindruck ausgeht. Überdauernde Beziehungen zu anderen Menschen lassen sich meistens sogar auf einen positiven ersten Eindruck zurückführen, weil durch die Dominanz des ersten Eindrucks Informationen, die ein einmal gefaßtes Urteil rechtfertigen, bevorzugt werden. Informationen, die das gefällte Urteil in Frage stellen, werden verdrängt. Auf der Basis eines ersten Eindrucks findet eine Beurteilung von anderen Menschen statt, ohne daß ausreichende Informationen gegeben sind. Dieses Verhalten wird mit großer Selbstverständlichkeit praktiziert. Die eigene Persönlichkeitstheorie vom anderen Menschen – die sich jeder im Laufe der Jahre zurechtgelegt hat – beeinflußt die Einschätzung des Gesprächspartners. Es gilt beispielsweise als selbstverständlich, daß bestimmte äußere und charakterliche Eigenschaften immer zusammentreffen:

niedrige Stirn	=	dumm
kurze Finger	=	plump
schmale Lippen	=	geizig
rote Haare (bei Frauen)	=	sexy
saloppe Kleidung	=	nicht sorgfältig

keine aufrechte Körper- haltung	=	unsicher
fehlender Blickkontakt	=	Unsicherheit, Desinteresse

Das Gefährliche ist, daß diese Vorurteile unkritisch und unge-
prüft angewendet werden und zu einer vorurteilsbehafteten
Sympathie oder Antipathie führen können. Dabei ist es gar nicht
von Bedeutung, ob wir den Menschen persönlich kennenlernen
oder ihn nur durch Schilderungen dritter nahegebracht bekommen. Schon allein aus Kurzschilderungen anderer Menschen ba-
steln wir uns ein Bild vom anderen, d. h., er bekommt vor dem persönlichen Kennenlernen eine Etikettierung. Dieses Vorausurteil

Tafel 2: Erster Eindruck

- **freundlicher Gesichtsausdruck**
  Gesamte Sympathie = 55 % Gesicht, Mimik, Gestik,
  Kleidung, Haltung
  38 % Sprache, Modulation
  7 % Inhalt, Worte

- **gepflegtes Äußeres (Rollenerwartung)**

- **Interesse zeigen**

- **Blickkontakt**

- **sicheres Auftreten**

- **Distanzregeln beachten**

- **Anpassen an die Motivationslage des Gesprächspartners**

- **Zuhören**

---

ist auch nach dem persönlichen Kennenlernen nur schwer zu reduzieren, weil wir glauben, daß unsere Eindrücke und unser Urteil das Ergebnis eigener Überlegungen sind.

Niemand kann von sich sagen, er hätte keine Vorurteile. Solange Menschen zusammenleben, werden Vorurteile einen breiten Raum einnehmen. Vorurteile sind häufig destruktiv und enthalten Konflikt- und sogar Vernichtungstendenzen (Rufmord).

Sicher ist der erste Eindruck, den wir von anderen Menschen oder andere Menschen von uns haben, bei der ersten Kontaktaufnahme nicht immer richtig. Er ist aber in jedem Fall wegen seiner prägenden Wirkung bedeutsam, weil er die Brille liefert, mit der künftiges Verhalten bewertet wird (Tafel 2).

2.1 Blickkontakt

Zur positiven Gestaltung des ersten Eindrucks gehört vor allem das offene und freundliche Ansehen unseres Gesprächspartners, denn der Blickkontakt ist für das Steuern eines Gespräches von erstrangiger Bedeutung. Wer sein Gegenüber offen anschaut, vermittelt den Eindruck eines fairen und sicheren Gesprächspartners. Durch den Blickkontakt kann er seinen Worten mehr Überzeugungskraft verleihen und aufkeimenden Widerspruch abblocken.

Die psychologische Führung im Gespräch erringt meistens der, der die größere und ausdauernde Blickfestigkeit hat. Menschen, die im Gespräch laufend in die Gegend schauen, anstatt den Partner anzublicken, reden an dem anderen regelrecht vorbei, weil sie die Reaktion des Gesprächspartners nicht erfassen. Das gilt ganz besonders beim Ansprechen von konfliktträchtigen Aussagen, wie zum Beispiel Absagen, Verbote, Ablehnungen oder Kritik.

Den Gesprächspartner ansehen ist nicht gleichzusetzen mit aufdringlich anstarren. Beeinflussungsstärker ist eher der beständige, unaufdringliche, beiläufige Blick in die Augen, wobei der Blick zwischen Augen und Mundpartie gleitet. Wer Schwierigkeiten mit dem Blickkontakt hat, kann ihn üben. Jedesmal, wenn man zu seinem Gesprächspartner »Bitte« bzw. »Danke« sagt oder seinen Namen nennt, sieht man ihn voll an. Man wird überrascht sein, wie schnell man seine Blickscheu verliert.

2.2 Sympathiefeld aufbauen

Die Blickrichtung zeigt auch an, ob ein Kontakt aufgenommen wurde und ob er aufrecht erhalten werden soll. Menschen, die einem sympathisch sind, blickt man im Gespräch und auch in der Verhandlung länger und häufiger an. Häufiger Blickkontakt und Lächeln sind typische Zeichen für Sympathie oder sogar Vertrautheit. Ein Fehlen dieser Merkmale läßt auf eine gewisse Distanziertheit schließen. Mehrabian, ein amerikanischer Soziologe, hat festgestellt, daß Sympathie nur zu einem geringen Teil mit Worten signalisiert wird. Er stellte nachstehende Gleichung auf: Gesamtsympathie = 55% fazial + 38% vokal + 7% verbal.

Seiner Meinung nach übt der Gesichtsausdruck (55%) eines anderen Menschen auf sein Gegenüber eine stärkere Wirkung aus als seine Stimme (38%). Das, was er sagt (7%), ist für die Sympathie von untergeordneter Bedeutung. Im Fachgespräch, wenn es um Fakten, Konditionen oder sonstiges Fachwissen geht, ist der Inhalt von entscheidender Bedeutung. Da kommt es sehr wohl darauf an, was gesagt wird.

Ein freundlicher, heiterer Gesichtsausdruck schafft eine gute Ausgangsbasis für eine positive Gestaltung des ersten Eindrucks. Freundlichkeit und Lächeln stecken an. Der Verhandlungspartner muß das Gefühl haben, daß wir echtes, aufrichtiges Interesse an seinem Angebot und/oder an seiner Person haben.

Tafel 3:   Regeln für den Aufbau eines Sympathiefeldes

Sprechen Sie erst von eigenen Fehlern, bevor Sie andere Menschen kritisieren

Y(ü)berzeugen Sie durch Sie – Projektion

Machen Sie ein freundliches Gesicht und halten Sie Blickkontakt

Passen Sie sich an die Motivationslage Ihres Gesprächspartners an

Achten Sie die Ansicht des anderen. Sagen Sie nicht, daß er unrecht hat

Triumphieren Sie nicht über andere Menschen, sondern lassen Sie dem anderen das Gesicht

Haben Sie Unrecht, so geben Sie es unverzüglich zu

Interessieren Sie sich für die Person, die Probleme und Wünsche Ihres Gesprächspartners

Ein guter Zuhörer wird gern gesehen

Fragen und erläutern Sie, anstatt zu behaupten

Ehrliche Anerkennung baut Menschen auf und macht sie zu Freunden

Lassen Sie den anderen von sich selbst erzählen

Der eigene Name ist das bedeutungsvollste Wort für jeden Menschen

---

Dazu gehört, daß wir ihm unsere ungeteilte Aufmerksamkeit widmen.

In Tafel 3 sind die Regeln für den Aufbau eines Sympathiefeldes nochmals zusammengefaßt dargestellt.

2.3 Aktives Zuhören

Bei vielen Menschen hat man manchmal den Eindruck, daß Zuhören für sie bedeutet, den anderen ausreden zu lassen, um höflich zu erscheinen. Wirklich zuhören im Sinne von »erfassen, was der andere wohl gemeint haben könnte«, beherrschen nur wenige Menschen. Es scheint schwierig zu sein, gut zuzuhören und nicht nur das zu hören, was man hören will (selektives Hören). Meist hören wir nur den Anfang und beginnen in diesem Moment schon, uns damit auseinanderzusetzen und unsere Antwort vorzuformulieren. Wir überhören einfach das, was der Gesprächspartner noch vorbringt. Was er wirklich meint, steht meistens zwischen den Zeilen. Die Sprache ist meistens nur das Vehikel der Gefühle. Die Botschaft zwischen den Zeilen ist die richtige Botschaft, um dem Eigentlichen auf die Spur zu kommen. Für ein erfolgreiches Gespräch ist aktives Zuhören genauso wichtig – wenn nicht sogar noch wichtiger – als die stärksten Argumente.

Wie wichtig Zuhören ist, sagt bereits die Bibel: »Jeder Mensch sei schnell beim Hören, langsam beim Reden, langsam im Zorn.« (Jacobus 1,19). Auch der griechische Philosoph Zeno (336–264 v. Chr.) wußte bereits, wie wichtig Zuhören für ein erfolgreiches Gespräch ist. »Die Natur hat uns nur einen Mund, aber zwei Ohren gegeben, was darauf hindeutet, daß wir weniger sprechen und mehr zuhören sollten.«

Wenn wir anderen Menschen zuhören, signalisieren wir ihnen, wie ernst wir sie nehmen und wie bedeutsam das ist, was gesagt wird. Durch Einsetzen von Verstärkern können wir sogar noch mehr erfahren, neue Informationen bekommen.

»Aha«
»Oha«
»Hmhm«
»Wirklich«
»Tatsächlich«
»Interessant«

Noch intensivere Verstärker sind Formulierungen wie:
»Erzähl mehr darüber.«
»Das ist äußerst interessant.«
»Darüber würde ich gern mehr hören.«
»Erzählen Sie die ganze Geschichte.«
»Ihr Standpunkt interessiert mich.«

Die Verstärker sind Erwiderungen, die keine persönlichen Meinungen, Urteile oder Emotionen des Zuhörers übermitteln, aber dennoch den anderen auffordern, mehr zu erzählen. Sie ebnen der Kommunikation die Wege und ermuntern den anderen zum Weitersprechen. Welcher Mensch empfindet es nicht als wohltuend, wenn er sich geschätzt oder interessant fühlen kann? Es ist doch eine alte Erfahrungstatsache, daß Menschen, denen wir zuhören, auch gewillt sind, uns zuzuhören.

Wenn wir durch aktives Zuhören auf die Probleme unseres Gesprächspartners eingehen, werden wir erleben, wie er anfängt, selbst sein Problem zu analysieren und vielleicht zu konstruktiven Lösungen kommt. Aktives Zuhören besteht auch darin, daß wir von Zeit zu Zeit die Äußerungen des Gesprächspartners zusammenfassend mit eigenen Worten wiedergeben. Nachstehende Formulierungen signalisieren dem Gesprächspartner, daß man sich aktiv um das Verständnis dessen bemüht, was er sagt:

»Mit anderen Worten, . . .«
»Wenn ich Sie richtig verstehe, meinen Sie . . .«

»Was meinst du mit . . .? Gib' mir doch ein Beispiel.«
»Auf der einen Seite möchtest du . . . Auf der anderen Seite . . .«

Zur Verdeutlichung des aktiven Zuhörens sollen nachstehende
Beispiele dienen:

SITUATION:

„Eigentlich möchte ich schon seit Tagen zum Chef gehen und ihm
meine Vorschläge unterbreiten. Ich glaube schon, daß er sich dafür interessiert. Ich habe jedoch irgendwie Bedenken!"

Wiederholen/Zusammenfassen:

Du möchtest dem Chef Vorschläge unterbreiten, hast aber noch
irgendwie Bedenken.

Fragen:

Wo liegen Deine Bedenken? Gib' mir doch mal ein Beispiel.

Klären:

Wenn ich Dich richtig verstanden habe, hast Du Bedenken, Deinem Chef Vorschläge zu machen.

Weiterführen/Denkanstoß geben:

Ich frage mich gerade, wieviel daran liegt, Deinem Chef die Vorschläge zu unterbreiten.

Gefühle ansprechen:

Das ärgert Dich!

Abwägen:

Auf der einen Seite möchtest Du dem Chef Vorschläge unterbreiten, auf der anderen Seite hast Du jedoch Bedenken.

SITUATION:

Eigentlich will ich mir schon lange eine Hifi-Anlage kaufen, aber in diesem Jahr auch noch eine größere Reise machen. Ich bin mir da noch unschlüssig.

Wiederholen/Zusammenfassen:

Du kannst Dich gerade nicht zwischen Hifi-Anlage und Reise entscheiden.

Fragen:

Was macht Dich unschlüssig?.

Klären:

Wenn ich Dich richtig verstanden habe, bist Du noch unschlüssig, ob Du verreisen oder Dir eine Hifi-Anlage kaufen sollst.

Weiterführen/Denkanstoß geben:

Ich frage mich gerade, wieviel Dir an einer Hifi-Anlage liegt.

Gefühle ansprechen:

Das macht Dich unsicher und ärgert Dich.

Abwägen:

Auf der einen Seite möchtest Du Dir eine Hifi-Anlage kaufen, auf der anderen Seite auch eine Reise machen.

2.4 Non-direktives Gesprächsverhalten

Das non-direktive Gesprächsverhalten ist eigentlich eine psychotherapeutische Methode, mit der die im Gespräch unterschwellig mitschwingenden, aber unausgesprochenen Gefühle wie z.B. Angst, Verzweiflung, Ärger, Abneigung ausgedrückt werden.

Durch Formulierungen wie
»Sie befürchten, daß . . .«
»Sie sind sich noch nicht sicher über . . .«
»Sie ärgern sich..«
»Sie sind mißtrauisch . . .«

signalisieren wir unserem Gesprächspartner, daß wir ihn als Person ernst nehmen und seine Gefühle akzeptieren. Dadurch kann es gelingen, gefühlsmäßige Hemmnisse zu überwinden.

3 Gemeinsamkeiten in den Vordergrund stellen

Eine positive Gesprächsatmosphäre ist mitbestimmend für den Verhandlungserfolg. Damit unser Gesprächspartner oder Verhandlungsgegner positiv eingestimmt wird, sollten wir zunächst die Gemeinsamkeiten unserer Meinungen oder Standpunkte in den Vordergrund der Verhandlung stellen. Wir schließen den anderen quasi für uns auf. Wenn das gelingt, haben wir eine Ausgangsbasis geschaffen, die für den weiteren Verhandlungsverlauf wesentlich erfolgsversprechender ist, als eine schon von vornherein eingenommene Kontraposition. Wo immer es geht, sollte nicht das trennende, sondern das gewinnende Wort eingesetzt werden.

Eine Verhandlung sollte zur Schaffung einer positiven Atmosphäre auch nicht sofort mit einer sachlichen Problemdiskussion beginnen. Vorher sollten allgemeine Dinge zur Sprache gebracht werden, z. B. Urlaub, Wetter, Auto, wirtschaftspolitische Situation, aktuelle Sportereignisse. In dieser Phase versuchen geschickte Verhandler, gemeinsame Interessensphären zu finden, um schon hier eine positive Grundstimmung zu schaffen. In manchen Fällen wird über allgemeine Themen eine so starke Übereinstimmung erreicht, daß das Verhandlungsthema in den Hintergrund tritt. Wenn es dann »zur Sache« geht, kommt es meist zu einer schnellen Einigung. Selbst wenn es für eine Seite weniger erfolgreich ist, wird das durch die positive Atmosphäre kompensiert.

Stellen wir uns folgende Situation vor: Wir konnten uns in einer Verhandlung mit der anderen Seite nicht einigen und treffen uns erneut zu einem Gespräch. Bei der Zusammenkunft fragt der Gesprächsführer des anderen Verhandlungsteams gleich zu Beginn des Gespräches: »Na, haben Sie es sich inzwischen überlegt?« In diesem Augenblick würde selbst der Verhandlungsbereiteste auf Kontra umschalten und auf seinem ursprünglichen Standpunkt verharren, selbst dann, wenn er es sich in der Zwischenzeit tatsächlich anders überlegt hätte.

»Na, haben Sie es sich inzwischen anders überlegt?« bedeutet doch nichts anderes als »Na, hast du endlich eingesehen, daß du unrecht hattest?« Diese negative kritische Äußerung ruft eine Verteidigungshaltung hervor und führt zur Stabilisierung des ursprünglichen Denkansatzes.
Die Kooperationswilligkeit wäre bestimmt größer, wenn von vornherein die Punkte wiederholt worden wären, in denen bereits Einvernehmen bestand. Wenn man darüber hinaus noch die gemeinsame Lösung der anstehenden Probleme zum Ausdruck gebracht hätte, wäre die richtige Weiche zum Erfolg gestellt worden.

Um den Kontakt zum anderen in der Verhandlung zu erlangen, müssen wir nicht nur unsere Argumente, sondern auch unsere sprachlichen Mittel so wählen, daß sie beim Partner die gewünschte Wirkung erzielen.

Henry Ford sagte: »Wenn es ein Geheimnis des Erfolges gibt, so ist es das: den Standpunkt des anderen verstehen und die Dinge mit seinen Augen sehen.«

Am Anfang einer Verhandlung muß deshalb immer das Gemeinsame, das Verbindende und nicht das Trennende stehen.

4   Statement nicht als erster abgeben

In vielen Verhandlungssituationen ist es manchmal ratsam, nicht als erster die eigene Meinung, den eigenen Standpunkt oder die eigenen Gedanken zu einem bestimmten Sachverhalt kundzutun, sondern erst einmal abzuwarten, was die anderen Gesprächspartner sagen oder zeigen. Das erste Statement ist häufig Objekt der Aggression, d. h., die anderen Teilnehmer schießen sich darauf ein, es sei denn, alle sind der gleichen Meinung, was wiederum schwer vorzustellen ist.

Wer sich bewußt zurückhält mit seiner Meinungsäußerung kann ausloten, was die anderen denken, wo Übereinstimmungen und Divergenzen in der Gruppe bestehen. Erst wenn man weiß, wo die Meinungsfreunde bzw. diejenigen sitzen, die man noch überzeugen muß, kann man versuchen, durch Verstärken, Abschwächen oder geschickte Fragestellung die Gruppe zu überzeugen.

Der große Vorteil liegt in der nicht voreiligen Positionierung, aus der man nur schwerlich herauskommt, ohne sein Gesicht zu verlieren. Vielleicht hatten wir noch nicht alle Informationen oder Unterlagen. Hätten wir darüber Kenntnis gehabt, wären wir eventuell selbst zu anderen Entschlüssen gekommen. Alles das wissen wir am Anfang einer Verhandlung noch nicht.

Bei innerbetrieblichen Problemlösungsgesprächen kommen meistens nicht nur die Teilnehmer eines, sondern verschiedener Bereiche zusammen. Es wäre sehr überraschend, wenn alle mit dem gleichen Problemverständnis das Problem angehen würden. Daher empfiehlt es sich, gerade bei einer innerbetrieblichen Verhandlung am Anfang ein gemeinsames Problemverständnis herbeizuführen, indem man versucht, das Problem in Frageform sichtbar zu machen (auf Flip-chart, Tageslichtprojektor oder Wandtafel). Bei der gemeinsamen Formulierung des Problems wird meistens sehr schnell deutlich, wie die einzelnen das Problem betrachten. Der geschickte Verhandler wird deshalb mehr als Moderator auftreten und mit seinem Statement sehr zurückhaltend agieren. Wichtig bei der Problemformulierung ist die Visualisierung, weil sie die optische Darstellung der Gedanken und Meinungen ist. Jeder ist ständig informiert und findet seine Gedanken sichtbar gemacht. Die Visualisierung unterstützt den Einigungsprozeß und dient der gedanklichen Klärung von Problemfeldern.

Mit der am Anfang des Gesprächs stehenden gemeinsamen Problemformulierung erreicht man jedoch noch mehr, wenn man an die typischen Konfliktsituationen eines Gespräches denkt:
- Verfahrenskonflikt
- Führungskonflikt
- Sachkonflikt
- Beziehungskonflikt

Allein durch die gemeinsame, sichtbare Formulierung des Problems können meistens die zeitraubenden und nutzlosen Verfahrensdiskussionen entweder abgekürzt oder sogar völlig vermieden werden.
Dadurch, daß der Einladende das Problem für alle ersichtlich formuliert, indem er auch eine exponierte Stelle (z.B. Wandtafel, Flip-chart, Tageslichtprojektor) einnimmt, entsteht auch kaum noch die Frage, wer die Konferenz führt.

Sachkonflikte werden bei der Problemformulierung schon offengelegt und können entweder behandelt oder zunächst zurückgestellt werden. Manchmal erledigen sie sich auch von selbst, wenn in die Problemformulierung zusätzliche Informationen einfließen. Auch Beziehungskonflikte, die häufig vordergründig auf sachlicher Ebene ausgetragen werden, können durch die gemeinsame Formulierung und Visualisierung unter Umständen – zumindest für die laufende Problemlösungskonferenz – neutralisiert werden.

5 Fragetechniken einsetzen

Um die Probleme des Gesprächspartners kennenzulernen oder mit Menschen ins Gespräch zu kommen und ihr Vertrauen zu erlangen, ist man gezwungen zu fragen. Das ist mit ein Schlüssel zum Erfolg. Je gezielter und besser man fragt, desto mehr erfährt man und beherrscht die Situation. Durch Fragen bringt man den anderen zum Reden und macht ihn zum Gesprächspartner. Wir lernen seine Gedanken, seine Erwartungen und seinen Standpunkt kennen. Wir bekommen Anhaltspunkte, mit denen wir das eigene Gespräch aufbauen können. Wer viel fragt, redet selbst wenig und läßt den anderen reden.

Wirksames Zuhören bedeutet den Versuch, das Problem so zu sehen, wie es der Gesprächspartner sieht. Wenn wir den anderen reden lassen, bekommen wir nicht nur Informationen, sondern wir gewinnen auch seine Sympathie. Menschen hören sich nun einmal am liebsten selbst reden, weil es ihr eigenes Bedeutungsbedürfnis stärkt. Viel reden bedeutet, viel feststellen und viel behaupten. Wer häufig mit Behauptungen operiert, läuft Gefahr, Widerspruch herauszufordern. Wer sich angewöhnt, statt festzustellen oder zu behaupten, seinen Gesprächspartner so zu fragen, daß dieser – durch die Frage gelenkt – selbst herausfindet, was er sonst nur gehört hätte, der hat in der Kunst des Verhandelns einen gewaltigen Schritt vorwärts getan.

Die Fragemethode ist eine Gesprächstechnik, mit der wir die Initiative im Gespräch erringen und auch behalten können. Wer erst eine Frage stellt und dann ruhig zuhört, kann sich auf seine Aufgabe einstellen. Wer fragt, der führt. Deshalb ist eine Frage auch häufig eine ausgezeichnete Möglichkeit, eine verlorengegangene Initiative in einem Gespräch wiederzugewinnen. Mit der richtig eingesetzten Fragetechnik erkennen wir sofort die Interessen unseres Gesprächspartners und können so ein erfolgreiches Gespräch mit ihm führen. Einfache Ausgangsfragen sind oft der Schlüssel zur erfolgreichen Eröffnung des Gesprächs.

– Vielleicht interessieren Sie unsere Erfahrungen . . .?
– Kennen Sie schon . . .?
– Haben Sie sich nicht auch schon einmal darüber geärgert, daß Ihr . . .?
– Haben Sie schon gehört, daß es auch für Sie eine Möglichkeit gibt . . .?
– Welche besonderen Anforderungen stellen Sie an . . .?
– Wäre das ein Vorschlag, dem Sie zustimmen würden?

Die hier kurz angedeuteten Fragen sind regelrechte Schemafragen. Mit vorgenannten Fragen wird das Interesse des Gesprächspartners sofort auf seine speziellen Probleme gelenkt. So kann man
– sich Informationen verschaffen,
– Widerstände und Einwände offenlegen und ihnen begegnen,
– prüfen, ob der Gesprächspartner noch zuhört und folgen kann,
– den Gesprächspartner beeinflussen, so daß er zustimmt,
– Vorstellungen bei dem Gesprächspartner erwecken,
– das Vertrauen gewinnen,
– Motivlagen erkennen und darauf eingehen.

Eine falsche Fragestellung kann zu Reaktionen oder Entscheidungen führen, die vom Fragesteller nicht beabsichtigt waren. Hierzu eine kleine Episode:

Zwei Jesuiten-Padres wandern im Klostergarten. Der eine raucht eine dicke Zigarre, der andere schaut ihm sehnsüchtig zu. Folgender Dialog spielt sich ab:

Nichtraucher: »Sag, Bruder, wie hast du es geschafft, daß der Prior dir das Rauchen gestattet hat? Ich habe ihn auch gefragt, aber er hat es mir untersagt.«

Raucher: »Wie hast du denn gefragt?«

Nichtraucher: »Ich habe ihn gefragt, ob ich rauchen darf, wenn ich bete. Er sagte ›nein‹!«

Raucher: »So darf man auch nicht fragen. Ich habe gefragt, ob ich beten darf, wenn ich rauche.«

Dieser kleine Dialog zeigt sehr deutlich, wie durch ungeschicktes Fragen nicht gewünschte Antworten kommen können.

Der bekannteste »Fragetechniker« war wohl der griechische Philosoph Sokrates (470–399 v. Chr.), der am Gespräch meistens nur als Fragender teilnahm. Sokrates vergleicht sich mit einer Hebamme:

»Ich bin zwar Geburtshelfer, kann aber selber nicht gebären. Ich helfe anderen zur Weisheit, aber ich selbst habe keine.«

In einem Gespräch zwischen Sokrates und Gorgias, einem zur damaligen Zeit anerkannten, wenn auch eitlem Redner, kommt das gut zum Ausdruck.

Sokrates: »Wohlan, du behauptest also, du verstündest dich auf die Redekunst und könntest auch einen anderen zum Redner machen. Auf was für Dinge bezieht sich nun die Redekunst – so wie sich die Weberei auf die Herstellung von Kleidern bezieht? Oder tut sie das nicht?«

Gorgias: »Doch.«

Sokrates: »So sag denn: durch Reden worüber? Was unter allen Dingen bildet den Gegenstand der Worte, deren sich die Redekunst bedient?«

Gorgias: »Die wichtigsten Angelegenheiten der Menschen, Sokrates, und die besten.«

Sokrates: »So antworte mir: was ist das, von dem du behauptest, es sei für die Menschen das höchste Gut, und du könntest es hervorbringen?«

Gorgias: »Es ist das, Sokrates, was in Wahrheit das höchste Gut bedeutet. Die Menschen verdanken ihm nicht nur ihre Freiheit, sondern auch, daß sie über andere herrschen können, ein jeder in seinem Staat.«

Sokrates: »Was meinst du damit?«

Gorgias: »Daß man imstande ist, mit Worten zu überreden, vor Gericht die Richter, im Rat die Ratsherren, in der Volksversammlung die versammelten Bürger und so bei jeder anderen Zusammenkunft, wo es nur eine politische Versammlung geben mag. Und dank dieser Fähigkeit wird der Arzt dein Sklave sein, und der Gymnastiklehrer wird es sein, und bei dem Geschäftsmann wird sich herausstellen, daß er nicht für sich selbst, sondern für einen anderen Geld verdient: für dich, der du reden und die Menge überzeugen kannst.«

Sokrates: »Nun, Gorgias, scheinst du mir ganz genau erklärt zu haben, was für eine Kunst du unter Redekunst verstehst. Wenn ich recht verstehe, behauptest du, die Redekunst sei Wirkerin der Überredung, und ihre ganze Tätigkeit gehe in der Hauptsache darauf hinaus. Nun sage mir, was für eine Überredung bewirkt nun die Redekunst, und wozu wird sie vorgenommen?«

Gorgias: »Mich dünkt, Sokrates, sie sei die Kunst der Überredung vor den Gerichtshöfen und vor anderen Versammlungen der großen Menge, und sie befaßt sich mit dem, was gerecht und ungerecht ist.«

Sokrates: »Bist du der Meinung, das sei dasselbe: etwas gelernt und erkannt zu haben und etwas auf Treu und Glauben hinnehmen oder Verständnis und persönlicher Glaube? Oder ist es etwas Verschiedenes?«

Gorgias: »Ich glaube freilich, es sei etwas Verschiedenes, Sokrates.«

Sokrates: »Willst du also, daß wir zwei Arten von Überredung annehmen, die eine, die Glauben erweckt ohne Wissen, die andere aber, die zum Wissen führt?«

Gorgias: »Ja.«

Sokrates: »Welche von diesen beiden Arten der Überredung bewirkt nun die Redekunst über das Gerechte und Ungerechte vor den Gerichtshöfen und den anderen Versammlungen? Die, aus der das Glauben ohne das Wissen entspringt, oder die, aus welcher das Wissen kommt?«

Gorgias: »Ganz gewiß doch die, aus der das Glauben kommt, Sokrates.«

Sokrates: »Die Redekunst ist also offenbar Wirkerin einer das Gerechte und Ungerechte betreffende Überredung, die auf dem Glauben und nicht auf der Belehrung beruht.«

Gorgias: »Ja.«

Sokrates: »Der Redner kann also die Gerichtshöfe und die anderen Versammlungen über das, was gerecht und ungerecht ist, nicht belehren, sondern bloß Glauben erwecken. Er könnte ja auch gewiß so viele Leute in der kurzen Zeit über so viele wichtige Dinge belehren.«

Gorgias: »Allerdings nicht.«

In diesem Gespräch wird deutlich, wie Sokrates durch seine Fragetechnik den Gesprächspartner mehr und mehr seine schwache Position erkennen läßt. Statt raffinierter Tricks überzeugt er ihn durch Fragen.

Nachstehend sind die gebräuchlichsten Fragetechniken zusammengestellt, mit denen man, wenn man sie richtig einsetzt, mit erheblich geringerem Zeit- und Sprechaufwand erfolgreich agieren, besser verhandeln oder beraten kann.

5.1 Die Informationsfrage

Mit der Informationsfrage können wir Auskünfte einholen und bestehendes Wissen prüfen. Wenn sie richtig formuliert wird, kann sie im Regelfall nicht mit Ja oder Nein beantwortet werden. Informationsfragen sind reaktionsauslösende Fragen. Mit dieser Fragetechnik regen wir zum ausführlichen Antworten an. Die Antworten helfen uns, den Überlegungen besser zu folgen und auf vielleicht vorhandene Einwände leichter eingehen zu können. Der Gesprächspartner muß Gelegenheit haben, von sich und seinen Problemen reden zu können.

Die Informationsfrage beginnt fast immer mit -W-:

Wann bekommen wir Ihr Angebot?
Was spricht dafür?
Was spricht dagegen?
Wie könnte es gehen?
Welche Erfahrungen und Referenzen hat Ihre Firma?
Welche Konditionen können Sie uns bieten?
Wo liegt das Problem?

Mit der Informationsfrage werden also die Meinung, die Erfahrung, die Vorstellung und die Überlegung des Gesprächspartners erforscht.

Die Informationsfrage ist eine direkte Frage. Häufig werden direkte Fragen übel genommen, wenn sie zu zahlreich, zu neugierig, zu abrupt sind oder wenn durch die Fragen ein gewisses Unterlegenheitsgefühl beim anderen impliziert wird. Aus diesem Grunde müssen direkte Fragen die befremden, vermieden werden. Oft ist es besser, die direkte Frage einzukleiden mit »Darf ich Sie fragen, was . . .?« Sie können die Unmittelbarkeit auch damit abschwächen, daß Sie den Namen des Gesprächspartners mit einfließen lassen. »Herr XY, wie würden Sie . . .?«

Die »Warum-Frage« ist nicht ganz unproblematisch. Kleine Kinder stellen gern ihren Eltern diese Frage. »Warum steht die Sonne am Himmel? – Warum kann ein Frosch nicht fliegen? – Warum ist der Himmel blau?« Spätestens nach der dritten oder vierten Frage sind die Eltern am Ende und reagieren gereizt, weil sie sich entweder belästigt oder häufiger noch, weil sie sich in die Enge getrieben fühlen.

Das gilt auch in der Verhandlung. Die »Warum-Frage« zwingt den Gesprächspartner in eine gewisse Verteidigungs- und Rechtfertigungsposition, die leicht dazu führen kann, daß ungewollt aggressive Reaktionen entstehen. Die »Warum-Frage« (Warum hast du das getan?) zielt immer in die Vergangenheit; sie ist tendenziell konfliktträchtig.

Häufig wird dann das »Rechtfertigungsspiel« gespielt und manchmal sogar der Wahrheit »die mildeste Form« gegeben. Die Frage: »Was können wir tun, damit dieser Fehler nicht noch einmal passiert?« zielt nach vorn und führt meistens zu konstruktiven Vorschlägen.

Die Informationsfrage löst, wenn sie richtig gestellt wird, Reaktionen beim Gesprächspartner aus. Typische reaktionsauslösende Fragen bei einem bestimmten Problem sind:

Auffächerungsfragen
- »Welche Schwierigkeiten ergeben sich bei diesem Ansatz?«
- »Welche Vorschläge/Einwände könnte ein . . . machen?«
- »Was wäre denn eine große/mittlere/kleine Lösung?«

Meinungsbildungsfragen
- »Was ist hier falsch oder schief dargestellt?«
- »Mit welchen Ansätzen könnte man noch weiterkommen?«
- »Was denken Sie darüber?«

Ergänzungsfragen
- »Was muß noch berücksichtigt werden?«
- »Was haben wir übersehen?«
- »Welche zusätzlichen Maßnahmen sollten wir überprüfen?«

Prioritätsfragen
- »Welche Maßnahmen sind vordringlich?«
- »Was bringt uns am schnellsten Erfolg?«

5.2 Die Gegenfrage

Den Jesuiten wird nachgesagt, daß sie häufig mit Gegenfragen arbeiten. Dazu eine kleine Geschichte:

Ein Mann trifft einen Jesuitenpater und fragt ihn: »Sagen Sie, Pater, stimmt es, daß die Jesuiten viel mit der Gegenfrage-Technik arbeiten?« Antwort des Jesuiten-Paters: »Wie kommen Sie darauf?«

Im Grunde genommen wird an diesem Beispiel schon deutlich, was mit der Gegenfrage erreicht werden soll. Sie wird meistens eingesetzt, um
– einer Frage auszuweichen,
– Zeit zum Nachdenken zu gewinnen,
– versteckte Einwände aus dem Gesprächspartner herauszuholen.

Durch die Gegenfrage versucht der geschickt Verhandelnde, noch mehr Informationen aus dem Gesprächspartner herauszuholen. Das ist äußerst wichtig, denn viele Behauptungen oder Fragen kann man nicht sofort beantworten. Man muß manchmal noch nachbohren, was wirklich dahintersteckt. Wer es versteht, ausweichende Gegenfragen zu stellen, braucht nicht nach ausweichenden Antworten zu suchen.

Man erkennt sofort, daß mit der Gegenfrage die Beweislast dem Gesprächspartner zugeschoben wird. Er gibt – durch die Gegenfrage gesteuert – manchmal mehr Informationen preis, als er vielleicht geben wollte. Jede zusätzliche Information des anderen kann Ansatzpunkt für die eigene Argumentation sein. Wenn man in der Verhandlung oder im Gespräch das Gefühl hat, die eigene Initiative verloren zu haben, kann man mit einer einfachen Gegenfrage die Initiative wieder zurückerobern. Hierzu ein kleines Beispiel:

In einer Einkaufsverhandlung entglitt dem Einkäufer die Gesprächsführung, weil die Gesprächspartner ihn durch geschickt angewandte Fragetechniken steuerten. Durch Gegenfragen des Einkäufers wie

Woraus schließen Sie das?
Welche Alternativen sehen Sie noch?
Wie kommen Sie zu . . .?

konnte die verlorengegangene Initiative wieder zurückgewonnen werden.

5.3 Die Alternativfrage

Hier bietet man dem Gesprächspartner nur die Wahl zwischen zwei Möglichkeiten. Alle weiteren Möglichkeiten werden ausgeschaltet. Als wirkliche Informationsquelle dient sie jedoch nur, wenn sicher ist, daß in den gebotenen Alternativen auch sämtliche Möglichkeiten einer Beantwortung enthalten sind.
Viele kennen den alten Kellnertrick: Nachdem das Essen notiert ist, fragt er: »Möchten Sie zum Essen ein Bier oder lieben etwas Alkoholfreies?« Er fragt nicht, ob der Gast überhaupt etwas zu trinken wollte.

Durch Alternativfragen sollen die Verhandlungs- und Gesprächspartner zu einer Entscheidung gezwungen werden. Bei Anwendung der Alternativtechnik sollte man beachten, daß einer der beiden Vorschläge – möglichst der zweite – im Vergleich zum anderen deutlich verlockender ist. Der Gesprächspartner soll dadurch verleitet werden, ohne großes Nachdenken diesem Vorschlag zuzustimmen.

Weitere Beispiele:
»Paßt es Ihnen morgen früh, 10.00 Uhr, oder wäre es für Sie Dienstag nachmittag günstiger?«

»Liefern Sie frachtfrei oder ist es für Sie einfacher, den Rabatt um 2 % zu erhöhen?«

»Bekommen wir bei Ihnen 10%igen oder 12%igen Nachlaß bei sofortiger Bestellung?«

5.4   Die Suggestivfrage

Unter Suggestion versteht man Willenssteuerungen durch eigene oder fremde Vorstellungen. Die Suggestivtechnik ist eine reine Beeinflussungstechnik und dient nicht der Information. Man kann mit dieser Technik arbeiten, wenn der Gesprächspartner schnell zu einer Entscheidung gebracht werden soll. Die suggestive Wirkung der Fragen liegt darin, daß der andere durch seine Antworten mehr oder weniger zum Ja-Sagen gezwungen wird, d. h. in einen Bejahungsrhythmus gebracht wird. Darüber hinaus vereinfacht jede Bejahung die nächste Bejahung:

– »Sicher haben Sie den gleichen Eindruck?«
– »Sie haben doch sicherlich auch festgestellt, daß . . .?«
– »Sicher stimmen Sie mit mir darin überein, daß . . .?«
– »Bestimmt haben Sie auch die Überzeugung gewonnen, daß . . .?«

Die Suggestivfrage ist gekennzeichnet durch die Worte »sicher(lich)«, »bestimmt«, »wohl«, die eigentlich eine Unterstellung des Fragenden sind. Darin liegt auch das Risiko der Suggestivfrage. Wer häufig mit dieser Technik arbeitet, läuft Gefahr, daß der Gesprächspartner die Absicht durchschaut, mißtrauisch wird oder aggressiv reagiert.

6   Empfängerorientiert formulieren, richtig dosieren

Wenn Menschen miteinander reden, ist noch lange nicht gesagt, daß jeder den anderen versteht, denn Verstehen und Verstandenwerden sind recht verschiedene Dinge. Es ist durchaus nichts Ungewöhnliches im geschäftlichen und privaten Bereich, wenn in einer Verhandlung oder in einer Unterhaltung die Beteiligten plötzlich feststellen, daß sie im Wortsinn »aneinander vorbeigeredet« haben. Der Gesprächsinhalt war vielleicht so dargebracht und formuliert, daß bestimmte Kenntnisse und bestimmtes Wissen um die Zusammenhänge vorausgesetzt wurden, oder es wurden Spezialausdrücke benutzt, die der andere anders oder gar nicht verstanden hat. Mißverständnisse treten auch häufig auf bei stehenden Redewendungen, Fremdwörtern, Dialekten oder Fachjargon. Dazu kommt nicht selten, daß sich Menschen gegenübersitzen, die durch ihre unterschiedliche Ausbildung und soziale Herkunft eine unterschiedliche Sprachfertigkeit und ein anderes Sprachverhalten haben.

Um verstanden zu werden und Verständnisschwierigkeiten zu beseitigen, muß jeder der Gesprächspartner sich an die Sprachgepflogenheiten und das Sprachniveau des anderen herantasten und entsprechend in Wortwahl und Schwierigkeitsgrad formulieren. Schaue, wie Martin Luther sagt, den Leuten aufs Maul. Deshalb ist bei der Verhandlung und im Gespräch darauf zu achten, daß der andere einen so versteht, wie man es wünscht. Je länger ein Wort und ein Satz ist, desto unverständlicher ist der Inhalt. Man benutze lieber

- **kurze Sätze und einfache Wörter und Ausdrücke**
- **jeder Gedanke ein Satz,**
- **Beispiele und Unterlagen, um zu unterstreichen und zu untermauern, was man sagt,**
- **aktive Ausdrücke,**
- **richtige Dosierung der Informationen.**

Die richtige Dosierung von Informationen ist für das empfängerorientierte Formulieren äußerst wichtig, da die Aufnahmefähigkeit des Gesprächspartner begrenzt ist. Man muß sehr genau überlegen, wieviel dem anderen zuzumuten ist.

Hat man es in einer Verhandlung mit einem Gegner zu tun und will man den Gegner verwirren, kann natürlich genau das Gegenteil von dem getan werden, was in diesem Abschnitt behandelt wurde. Bei einem solchen Vorgehen handelt es sich dann aber nicht mehr um einen fairen, sondern um einen unfairen Verhandlungsstil. Unfaire Methoden führen meistens jedoch nur kurzfristig zum Erfolg. Wenn Mißverständnisse provoziert werden, entsteht ein Streßverhalten beim Gesprächspartner, das sich in Aggression (Kampf-) oder Rückzugsverhalten ausdrückt (siehe Abschnitt II, 27).

7 Argumentationstechniken

Was bedeutet eigentlich argumentieren? Was sind Argumente? Nicht selten hört man »er hat psychologisch geschickt argumentiert«. Was immer auch darunter verstanden wird, es scheint so, daß für eine erfolgreiche Argumentation psychologisches Wissen nützlich ist. In der fairen Auseinandersetzung wird das argumentations-psychologische Ziel die Überzeugung des Gesprächspartners sein, wobei Ansatzpunkt für den Überzeugungsprozeß die Meinung, die Wünsche, die Wertvorstellungen und/oder die Bedürfnisse des Gesprächspartners sind. Das ist eine ganz wichtige Voraussetzung, denn wer nicht an die vorhandenen Überzeugungen des anderen anknüpft, wird sich in der überzeugenden Argumentation schwer tun. Es kommt eben darauf an, eine psychologische Situation zu schaffen, die es dem Gesprächspartner ermöglicht, seinen Standpunkt noch einmal zu überdenken.

Wir müssen uns immer wieder fragen: »Wie sieht der andere das, was ich ihm vorschlage? Was könnte ihn veranlassen, mir zuzustimmen? Wie kann ich ihm klarmachen, daß er sich selbst einen Gefallen tut, wenn er meinen Empfehlungen zustimmt?« Ich werde also nicht von solchen Vorteilen reden, die mir daraus erwachsen, sondern von den Vorteilen, die sich für meinen Gesprächspartner ergeben. Der kluge Verhandler wird also immer nur aus der Vorteilssicht des anderen argumentieren.

Wenn man als Führungskraft im Betrieb beispielsweise organisatorische Neuerungen einführen will, wird man oft auf Widerstand der davon Betroffenen stoßen. Der Widerstand wird nicht kleiner, wenn man versucht, dem Mitarbeiter klarzumachen, wie wichtig die Neuerung für den Betrieb ist. In einem solchen Fall wird es sicher wesentlich wirkungsvoller sein, wenn man dem Mitarbeiter erklärt, welche Vorteile sich aufgrund der Veränderung für ihn ergeben. Die Schlüsselformulierungen dafür sind:

»Damit erzielen Sie . . .«

»Ihr Vorteil ist . . .«

»Für Sie . . .«

»Sie gewinnen . . .«

»Sie vermeiden . . .«

Um langfristig erfolgreich argumentieren zu können, ist es notwendig, neue und bessere Argumente zu finden. Hierfür gelten die nachstehenden Regeln.

- **Die Argumente sollen den persönlichen Lebensbereich des Gesprächspartners ansprechen.**
- **Die Argumente müssen aus der Sicht des Gesprächspartners positiv erscheinen, müssen seine Motivationslage berücksichtigen.**
- **Die Argumente müssen nicht nur leicht verständlich und glaubhaft, sondern auch beweisbar sein.**
- **Die Argumente müssen dem Wortschatz und der Begriffswelt des Gesprächspartners angepaßt sein.**
- **Die Argumente dürfen nicht gehäuft werden.**

Wenn wir unsere Argumentation nach diesen Prinzipien ausbauen, können wir die Meinungsbildung unseres Gesprächspartners in dem von uns gewünschten Sinne vielleicht besser beeinflussen.

Argumente, auf die unser Gesprächspartner mit »Na und, was

habe ich davon?« antworten kann, sind nicht aussagekräftig genug, um wirklich zu überzeugen. Auf solche Argumente können wir verzichten. Auch Argumente, die nicht direkt auf den anderen hinzielen, denen also das Wörtchen »Sie« fehlt, haben zuwenig Aussagekraft und sind deshalb für den Überzeugungsprozeß ungeeignet. Die wirkungsvolle und erfolgreiche Argumentation muß so angelegt sein, daß wir und unser Partner – im Gespräch also »wir« – ein Problem anpacken und gemeinsam lösen.

Immer jedoch gilt: »Ein gutes Argument ist besser als zehn schlechte.« Wenn der Gesprächspartner durch ein wirkungsvolles Argument überzeugt wurde, dann haben wir das Ziel erreicht, dann darf nicht weiter argumentiert werden. Ein Maler, der sein Gemälde fertiggestellt hat, malt auch nicht weiter daran herum. Weitere Argumente sind meistens schwächer und können leicht vom Wesentlichen ablenken. Sie können sogar zu unnötigen Einwänden anregen. Jedes Argument trägt immer irgendwelchen Explosionsstoff in sich.

7.1 Motivationsorientierte Argumentation

Bei den Regeln für den Aufbau einer überzeugenden Argumentation wurde gesagt, daß die Argumente die Motivationslage des Gesprächspartners berücksichtigen sollen. Was verbirgt sich dahinter? Was sind Motive, wer ist motiviert, wie kann man durch Motivation überzeugen? Der Begriff ist in der letzten Zeit sehr strapaziert worden und fast zu einer Art Modewort geworden. Zum besseren Verständnis muß daher zunächst geklärt werden, was sich dahinter verbirgt. Das Wort »Motiv« kommt von dem lateinischen Wort »motio« – und das heißt Bewegung. Ein Motiv ist der Beweggrund, also der Grund, weshalb jemand handelt. Menschen handeln vorwiegend emotional, also aus Gefühlsgründen. Der geringere Anteil an einer Entscheidung zu einer Handlung ist rational, also auf den Verstand zurückzuführen.

Nun handelt aber niemand nur aus einem einzigen Grund, auch dann nicht, wenn er selbst es vielleicht glaubt. Zu jeder Handlung, also auch zum Überzeugungsprozeß, gehört eine ganze Reihe von Motiven. Die Gesamtheit der Motive, die zu einer Handlung führen, nennt man Motivation. Vereinfachend formuliert, werden also unter Motivation Antriebskräfte verstanden, welche das Verhalten und die Einstellungen des Menschen gegenüber seiner Umwelt aktivieren (Antriebs-Funktion) und auf Ziele ausrichten (Richtungs-Funktion). Wenn das Verhalten Selbstzweck ist (z. B. leidenschaftlicher Bergsteiger), handelt es sich um primäre oder intrinsische Motivation, ist das Verhalten nur Mittel zum Zweck (z. B. Karriere machen, um sich mehr leisten zu können) sprechen wir von sekundärer oder extrinsische Motivation. Je mehr ein Mensch primär motiviert ist, desto größer ist der Befriedigungseffekt, desto größer das Streben, etwas zu tun. Die Befriedigung, das Erfolgserlebnis liegt bei primärer Motivation nicht im materiellen Nutzen einer Handlung, sondern in der Aktivität selbst.

Bei der motivationsorientierten Argumentation geht man davon aus, daß jeder Mensch eine Reihe von primären Grundmotiven hat, die es gilt, anzusprechen, damit er in irgendeiner beabsichtigten Form handelt. Die Frage, die sich aufdrängt, ist, welche Grundmotive es sind, die man ansprechen muß, damit ein anderer etwas tut?

In der motivationspsychologischen Literatur werden diverse Theorien und Motive angeboten, um soziales Handeln von Menschen transparenter zu machen. Am bekanntesten sind die Theorien von Freud, Maslow, Herzberg und McGregor. In der neueren Motivationsforschung geht man davon aus, daß der Mensch fünf Grundmotive hat, die man sich in eine Art Pyramide angeordnet vorstellen kann (hier ist nicht die Motivationspyramide von Maslow gemeint!). Die Pyramide ist so angelegt, daß immer eins dieser Grundmotive an der Spitze steht und nach Befriedigung verlangt. Um den Gesprächs- oder Verhandlungspartner zu motivieren, muß man herausfinden, welches dieser fünf Grundmotive an der Spitze steht, um daran die motivationsorientierte Argumentation auszurichten. Das ist sicher leichter gesagt als getan, wird mancher entgegenhalten wollen. Ob zu Recht oder Unrecht sollen nachfolgende Ausführungen beantworten.

Die fünf grundlegenden Bedürfniskomplexe des Menschen sind

Streben nach Sicherheit, Geborgenheit

Streben nach sozialer Anerkennung

Streben nach Vertrauen

Streben nach Selbstachtung

Streben nach Unabhängigkeit, Verantwortung

Streben nach Sicherheit, Geborgenheit
Ein Mensch, der z. B. die Umstände, in denen er lebt, als transparent empfindet, fühlt sich geborgen und sicher. Je turbulenter und unvorhersehbarer es zugeht, desto schwieriger ist es für ihn, sich zurechtzufinden und sich abzusichern bzw. das Risiko auszuschalten.

Streben nach sozialer Anerkennung
Soziale Anerkennung ist das Streben nach Überlegenheit, Herausgehobensein, Prestige. Man möchte anders als andere (AAA) sein. Hier sei nur an die Mode, die Lebensgewohnheiten oder sogar Denkgewohnheiten erinnert. Man möchte an erster Stelle stehen, beneidet und bewundert werden oder auch beliebt sein.

Streben nach Vertrauen
Ein weiteres Grundmotiv ist das Streben nach Vertrauen, d. h. Zuwendung zu anderen Menschen, denen man Vertrauen geben will und von denen man Vertrauen erwartet. Es wird ein Ich-du-Verhältnis gesucht, in dem man selbst helfen kann und sich helfen lassen will. In diese Grundmotivation fällt auch die Bequemlichkeit sowie das Genuß- und Heiterkeitsbedürfnis.

Streben nach Selbstachtung
Die vierte Grundmotivation ist das Streben nach Selbstachtung.
Man möchte am liebsten sein Leben so einrichten, daß man alles
hundertprozentig tut. Man möchte nicht gegen Normen versto-
ßen und mit seinem Gewissen im reinen sein. Grundsätze und
Prinzipien steuern das Leben.

Streben nach Unabhängigkeit, Verantwortung
Das Streben nach Unabhängigkeit und Verantwortung, nach Zu-
ständigkeit und Bestimmenwollen ist ebenfalls eine wichtige
Grundmotivation. Ohne sie würden Menschen kein Risiko über-
nehmen, neue Technologien würden nie eingesetzt.

Wie kann man die Grundmotivation eines Menschen nun erkennen, um ihn so zu motivieren, daß er der vorgetragenen Argumentation folgt? Das ist in einem Gespräch, einer Diskussion
oder in einer Verhandlung der springende Punkt. Um die grundlegende Motivation eines Menschen erkennen zu können, brauchen wir Informationen. Je schärfer und unvoreingenommener
der Gesprächspartner beobachtet wird und je aktiver wir zuhören, desto zutreffender sind die Anzeichen, die wir bekommen.
So kann sich beispielsweise die Motivation eines Menschen aus-
drücken in seiner äußeren Erscheinung, seinen sprachlichen Äußerungen, seiner Freizeitgestaltung, seinem Verhalten in Grup-
pen oder in der Art, wie er sein Umfeld gestaltet. In Tafel 4 sind einige dieser Verhaltenscharakteristiken dargestellt, aus denen
wir entsprechende Rückschlüsse auf die grundlegende Motivation des Gesprächspartners ziehen können, die wiederum Ansatzpunkt für die motivationsorientierte Argumentation sein können. Um Fehldeutungen zu vermeiden, sollte nicht nur ein Indiz,
sondern sollten mehrere Indizien zur Beurteilung herangezogen
werden.
Wichtig bei der motivationsorientierten Argumentation ist, daß
der Partner in der Motivationslage angesprochen wird, in der er
sich befindet. So wird man beispielsweise einem sicherheits-

Tafel 4: Motivationsraster

Beobachtungssituation →

Motive →

	Äußere Erscheinung	Sprachlicher Ausdruck	Verhalten in der Freizeit Hobby	Verhalten in der Gruppe	Strategie des Umgangs	Verbale, taktische Formulierungen
Soziale Anerkennung, Prestige, Überlegenheit	– Elegante modische Kleidung – Gepflegtes Äußeres – Forsches Auftreten – Legt Wert auf Statussymbole	– ICH-Form – Komplizierte Ausdrucksform – Leicht prahlerisch	– Exclusive Hobbys (Jäger, Golf) – Aufwendige Reisen	– Versucht zu dominieren – Kämpft um Eigenprofilierung – Wenig kooperativ – α-Typ	– Loben – Verstärken – Persönliche Bedeutung hervorheben – Informationsfragen stellen	– „Für Sie als ..." – „Bei Ihrer Position ..." – „Für Sie kommt doch nur in Betracht ..." – „Das können sich nur wenige Menschen leisten ..." – „Das unterstreicht doch Ihre persönliche ..." – „Nur Sie können ..."
Sicherheit und Geborgenheit	– Unauffällige Kleidung – Hang zur Understatement – Demutshaltung	– MAN-Form – Keine sprachlichen Extravaganzen – Formuliert mit „könnten, würde, wollte" – Redet nach dem Munde	– Garten, Bastler – Gesundheitsbewußt	– Angepaßtes Gruppenverhalten – Sucht Kompromisse – Treibt die Gruppe nicht voran – Trittbrettfahrer	– Entscheidungshilfen geben – Garantien geben – Kundendienst – Alternativfragen stellen	– „Sie erhalten die Garantie ..." – „Wir gewährleisten Ihnen ..." – „Der Kundendienst ist Tag und Nacht ..." – „Das erledigen wir für Sie ..." – „Das ist für Sie unverbindlich ..." – „Sie sorgen vor ..."

Tafel 4: Motivationsraster

Beobachtungssituation →

	Äußere Erscheinung	Sprachlicher Ausdruck	Verhalten in der Freizeit Hobby	Verhalten in der Gruppe	Strategie des Umgangs	Verbale, taktische Formulierungen
Vertrauen, Genuß- und Heiterkeitsbedürfnis	– Anpassung an Bezugsperson (Identifikation) – Unauffällig – Joviales Auftreten – Sucht sich zu befreunden – Bequem	– WIR-Form – ICH-DU-Formulierung – Saloppe, freundliche Ausdrucksweise	– Geselligkeitshobbys (Kegeln, Skat, Fußball)	– ICH-DU-Beziehung – Sucht ständig Zustimmung – Schließt sich seinen Bezugspersonen an – Ohne Prestigestreben – Kooperativ – Kumpeltyp (ω-Typ)	– Um Rat fragen – Auf Vertrauen berufen – Um Unterstützung bitten – Gemeinsamkeit betonen – Suggestivfragetechnik benutzen – Durch Gegenfragen die Lösung finden lassen	– „Ich benutze das auch ..." – „Wir schaffen das gemeinsam ..." – „Das erledigen wir für Sie ..." – „So einfach ist das für Sie ..." – „Wir versäumen, ..." – „Ihr Vorteil ist ..." – „Sie gewinnen ..."
Selbstachtung, Pflicht und Dienststreben	– Korrekte normenorientierte Kleidung – Sicheres Auftreten – Überpünktlich	– Akzentuierte Sprache – Aggressiv – Zitiert Grundsätze – Gutes Gedächtnis	– Extrem ausgefallene Hobbys – Bürgerinitiative – Politischer oder religiöser Eiferer	– Schwer zu überzeugen – Kompromißlos – Oppositionell – Rechthaberisch – Wenig kooperativ – Pedant, Prinzipienreiter	– Referenzen geben – Vorteile in Aussicht stellen – Auf Verträge berufen – Gegenfragen einsetzen	– „Die Firma XYZ hat auch ..." – „Das entspricht den gesetzlichen Vorschriften (DIN, VDE, BGB) ..." – „Die vereinbarte Toleranz wird eingehalten." – „Unsere Terminabsprache ..."

Motive →

Tafel 4: Motivationsraster

Beobachtungssituation ⟶

Motive ⟶

Motive	Äußere Erscheinung	Sprachlicher Ausdruck	Verhalten in der Freizeit Hobby	Verhalten in der Gruppe	Strategie des Umgangs	Verbale, taktische Formulierungen
Unabhängigkeit / Verantwortung / Neugier / Spiele u. Tätigkeitsbed.	– Sicheres, selbstbewußtes Auftreten – Saloppe Kleidung – Nicht Typgebunden – Eigenwillig	– ICH-Form – Kurz, klar, präzise – Prägt neue Begriffe	– Einzelgänger (Bergsteiger) – Taucher – Forschungsreisender (Risikobereitschaft)	– Sachliche Argumentation – Vertritt die eigene Meinung – Will Verantwortung übernehmen – Distanziert – Individualist	– Sachliche, klar überschaubare Argumentation – Gewinn aufzeigen – Verlust/ Gewinnbeteil. – Zuhören – Informationsfragen stellen – Gegenfragentechnik anwenden	– „Sie können sich frei entscheiden ob …“ – „Sie entscheiden selbst …“ – „Damit können Sie täglich …“ – „Sie wollen wissen …“ – „Das wurde verbessert …“ – „Sie gewinnen …“ – „Ihr Vorteil ist …“ – „Das ist neu!“

53

orientierten Menschen kein Risiko in Form neuer Produkte verkaufen können bzw. einem Menschen, der nach Anerkennung
strebt, ein Produkt, das alle haben.
Im Anhang sind einige Beispiele der motivationsorientierten Pro-
duktargumentation aus dem Bereich der Fernwärme und der
Elektrizität dargestellt.

7.2 Das Prinzip der Steigerung

Wenn der Gesprächspartner überzeugt werden soll, muß er
Schritt für Schritt an das für ihn Positive herangeführt und in ein
gewisses Spannungsverhältnis gebracht werden. Für Spannung
und Steigerung der Spannung wird gesorgt, wenn die Argumente und Beweise in Form einer Treppe gebracht werden, d. h., alles, was beeindrucken soll, wird in steigender Form der Bedeut-
samkeit geordnet.
Ein Einkäufer argumentiert gegenüber seinem Kollegen aus der
Technik: »Damit können wir A abdecken, ferner noch die Forderungen B, C und D und zusätzlich bekommen Sie noch E.«

In den meisten Fällen wird die Wirkung noch erhöht, wenn von
der Argumentation in steigender Reihenfolge geringfügig abgewichen wird. Zuerst beginnen wir mit einem wirkungsvollen Argument, z. B. dem zweitstärksten, setzen die schwachen daran und
steigern uns bis zum stärksten Argument, das am Schluß steht.
»Damit können wir ganz besonders Ihrer Forderung nach D entsprechen. A, B und C, E werden ebenfalls abgedeckt. Entscheidend ist doch für uns, daß wir zusätzlich noch E bekommen können.«
In der täglichen Verhandlungspraxis sieht es leider anders aus.
Zuerst fallen uns die besten Argumente ein. Wir sind ganz er-
schrocken, wenn der Gesprächspartner noch nicht einmal zuckt.
Je weiter wir argumentieren, desto mehr müssen wir überlegen
und desto bedeutungsloser werden unsere Argumente für den
Gesprächspartner.

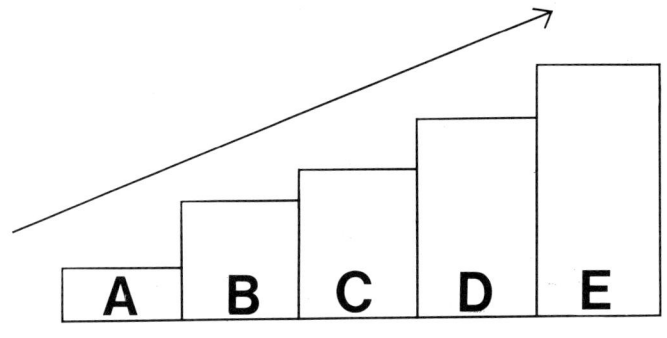

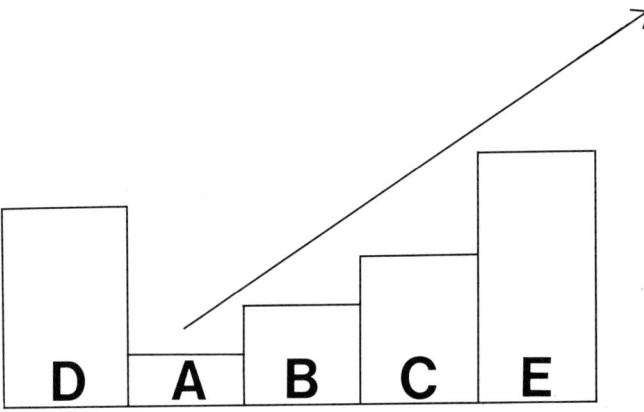

Bild 2: Prinzip der Steigerung

»Dieses Auto verbraucht auf 100 km noch nicht einmal 10 l Normalbenzin, hat eine Sicherheitskarosserie, 500-l-Kofferraum, ein gepolstertes Lenkrad und einen verchromten Aschenbecher.«

Schlechter und erfolgloser kann wohl nicht argumentiert werden. Gemäß unserer Treppenregel ist das Ende wichtig. Es kommt nicht darauf an, schwache Argumente an den Anfang zu setzen, sondern die stärksten am Schluß. Gerade bei strittigen Punkten ist das besonders wichtig. Wenn man nach starken Argumenten schwache folgen läßt, bekommt der Gegner Mut zur Verteidigung. Durch Steigerung erreicht man dagegen eine Wirkungsverstärkung. Das wird noch erhöht, wenn jedes Argument Punkt für Punkt mit entsprechenden Pausen vorgebracht wird. Neues Argument = neuer Satz.

Es gibt eine Ausnahme, bei der von diesen Regeln abgewichen werden darf: beim Zugeben von Fehlern oder Nachteilen. In diesem Fall muß anders argumentiert werden. Der größte Nachteil wird schonungslos zugegeben und danach kommen die kleineren Fehler.

7.3 Optisches Vergrößern oder Verkleinern der Argumente

Der Verstärkung unserer Argumente dient auch das optische Vergrößern und Verkleinern einer Zahl. Soll eine Zahl besonders hoch wirken, kann man die Attribute fast, beinahe, annähernd, mehr als, über verwenden. Soll dagegen eine Zahl optisch verringert werden, kann man formulieren mit weniger als, kaum mehr als, knapp, unter, noch nicht einmal.

Es ist psychologisch ein großer Unterschied, ob man sagt: »Fast tausend Mark« oder »Noch nicht einmal tausend Mark«.

Bringen Sie wenige, aber überzeugungsstarke Argumente und Gedanken.

Argumentieren Sie stets aus der Sicht Ihres Gesprächspartners.

Ihre Argumente müssen für den anderen positiv erscheinen, d. h., seine Interessenlagen berücksichtigen.

Sprechen Sie Gefühle, Motive an.

Beachten Sie das Prinzip der Steigerung.

Ihre Argumente müssen nicht nur leicht verständlich und glaubhaft, sondern auch beweisbar sein.

Benutzen Sie zur Verstärkung Ihrer Argumentation audiovisuelle Mittel.

Wiederholen Sie die für den Gesprächspartner wichtigen Argumente.

Lassen Sie Argumente weg, auf die Ihr Gesprächspartner antworten kann: »Na und, was habe ich davon?«

Fassen Sie zusammen.

8 Nicht behaupten, sondern erläutern (Standpunktformel)

In Verhandlungen oder Gesprächen ist es wenig erfolgreich, zu versuchen, den Gesprächspartner durch Behauptungen zu überzeugen. Das bringt außer Widerspruch meistens nichts ein. Statt Behauptungen aufzustellen, sollte zunächst versucht werden, die Meinung oder den Standpunkt des anderen kennenzulernen und so zu erfahren, was er wohl meint. Hierzu führen Fragen wie

– Welche Lösung sehen Sie?
– Worauf kommt es Ihnen besonders an?
– Worauf legen Sie besonders Wert?
– Was schlagen Sie vor?
– Welchen Vorteil sehen Sie in . . .?

Wenn man die Meinung des Gesprächspartners so herausbekommt, kann man, je nachdem wie weit sich die Meinungen dekken, entsprechend verstärken oder den eigenen Standpunkt detailliert begründen. Die richtige und gewinnende Präsentation des eigenen Standpunktes ist mit der Standpunktformel möglich. Sie ist einfach aufgebaut und auch einfach in der Anwendung.

Standpunktformel

1. **Standpunkt darlegen (kurz, klar, präzise),**
2. **Genaue Begründung (Argumente in steigender Reihenfolge),**
3. **Beispiel aus der Praxis (Zahlen, Fakten),**
4. **Schlußfolgerung (Stimme steigern, nicht an den Verstand, sondern in den emotionalen Bereich),**
5. **Aufforderung zur Handlung.**

Hierzu ein Beispiel:

Standpunkt darlegen
Ich bin der Auffassung, daß ein koordinierter Einkauf wesentlich
zur Verbesserung der wirtschaftlichen Situation beiträgt.

Begründung
Ich begründe es damit, daß Einkäufer es gewohnt sind, täglich
mit Lieferanten über Konditionen, Qualitäten oder Problemlösungen zu verhandeln. Sie sind trainiert in Verhandlungsstrategie
und -taktik und sind in der Lage, durch gezielten Einsatz dieser
Taktiken unter Berücksichtigung der Marktgegebenheiten erfolgreich einzukaufen.

Beispiel aus der Praxis
Nehmen wir doch ein Beispiel aus der Praxis. In einer Verhandlung wurde über ein Volumen über rd. 2 Mio. DM verhandelt. Da
preislich und qualitätsmäßig alles ausgereizt war, konnten weitere Vorteile nur über kostenlose Dienstleistungen erreicht werden. Da es sich um neue Anlagenteile handelte, die Schulungs-
maßnahmen – besonders Nachschulungsmaßnahmen – erfor-
derlich machten, wurde vereinbart, daß diese kostenlos auf die
Dauer von drei Jahren durchgeführt werden sollten. Die jährli-
chen Einsparungen beliefen sich immerhin auf 10 000 DM je Jahr.

Schlußfolgerung
Daraus können wir nur schlußfolgern, daß Einkaufen von Anlagen
und Dienstleistungen zusammengehören, weil sowohl Spezial-
wissen auf der technischen als auch auf der kaufmännischen Seite verknüpft werden muß.

Aufforderung
Wenn wir die wirtschaftliche Situation verbessern wollen, müssen wir den Einkauf koordinieren.

Wenn man mit der eigenen Meinung im Gegensatz zur Auffassung des Gesprächspartners steht, kann die Standpunktformel erweitert werden:

1. Eigenen Standpunkt darlegen

2. Vorzüge der gegnerischen Behauptung nennen
   a) Die Ansichten des Partners genau angeben
   b) Reihenfolge der gegnerischen Vorzüge genau beachten, zuerst: die am schwersten zu widerlegen sind, dann: die mittelschweren, zuletzt: die am leichtesten zu widerlegenden nennen
   c) Einwände anbringen, die die überzeugendsten Vorzüge abschwächen
   d) Auf dem schwächsten Argument des Gegners am längsten verweilen

3. Genaue Begründung der eigenen Überzeugung, Reihung der Argumente beachten, zuerst: die schwächsten Argumente, dann: die mittleren Argumente, zuletzt: die stärksten Argumente

4. Beispiele aus der Praxis mit Fakten, Zahlen (nicht Thesen)

5. Zusammenfassung
   a) Nachteile der gegnerischen Behauptung
   b) Vorteile der eigenen Überzeugung

6. Aufforderung zur Entscheidung
   a) die Stimme steigern
   b) nicht an den Verstand wenden, sondern an das Gefühl

Das Beweisen von Sachverhalten im Gespräch mit der Standpunktformel hat den Vorteil, daß weitere am Gespräch beteiligte

Partner den Eindruck gewinnen, daß die Ausführungen fair sind, da man auch den Standpunkt des Gesprächspartners mit einbezieht. Das strahlt Sicherheit und Überzeugungskraft aus.

9 Aufmerksamkeit des Gesprächspartners steigern durch variierenden Mitteleinsatz

Die Merkfähigkeit des Menschen hängt in erster Linie davon ab, wie intensiv er an einem Vorgang (Verkauf, Verhandlung) beteiligt wird. Je stärker eine Aussage durch Merkhilfen (Wiederholung, Symbole, Pause) verfestigt wird, desto mehr wird auch von dem Gesagten im Gedächtnis des Gesprächspartners verankert. Daher hat das Zeigen und Demonstrieren mehr Wirkung als nur das Reden und Argumentieren. Häufig sind Verhandlungen durch Wortkommunikation überladen. Viel wirkungsvoller ist es, den Gesprächspartner mit Bildern und Modellen zu aktivieren.

Gruppenuntersuchungen zur Arbeitspädagogik haben ergeben, daß nach Ablauf einer bestimmten Zeit Menschen im Mittel noch wissen
20 % von dem, was sie gehört haben,
30 % von dem, was sie gesehen haben,
50 % von dem, was sie gehört und gesehen haben,
80 % von dem, was sie mitgedacht haben,
90 % von dem, was sie selbst getan haben.

Bemerkenswert ist bei dieser Aufstellung nicht so sehr die Höhe des Prozentsatzes, sondern die Rangfolge des Behaltens. Die Rangfolge zeigt die Bedeutung der eingesetzten audiovisuellen Mittel. Das höchste Ergebnis wird erzielt, wenn Menschen etwas selbst tun. Die Informationsverankerung kann wesentlich verbessert werden, wenn mehrere Kommunikationsmittel miteinander verknüpft werden, um denselben Sachverhalt mehrfach zu übermitteln.

Entscheidend für die Beeinflussung des Gesprächspartners und die Steigerung seiner Aufmerksamkeit ist die Visualisierung von Gedanken und Meinungen, d. h. die Veranschaulichung auf Flip-Chart, Tageslichtprojektor oder Wandtafel. Besonders bei schwierigen Problemen und gespannter Atmosphäre hilft die Visualisierung, diese Konfliktsituation zu entlasten. Sie unterstützt den Einigungsprozeß und macht die Meinungsvielfalt sichtbar, aktiviert aber auch gleichzeitig die Teilnehmer. Keiner kann sich ausschließen. Je größer die Problemlösungsgruppe ist, desto wichtiger ist es, die Gedanken sichtbar zu machen, um von vornherein Mißverständnisse zu reduzieren.

10 Schwerpunkte setzen

Zuhören ist ein aktiver Prozeß, der die volle Konzentration erfordert, und nicht, wie häufig fälschlicherweise angenommen wird, ein passiver Prozeß. Wir versuchen, beim Zuhören der Gedankenstraße des anderen zu folgen. Je länger und komplizierter die Ausführungen sind, desto schneller erlahmt die Aufmerksamkeit, da der Aufmerksamkeitsumfang begrenzt ist. Man kann nicht mit gleichbleibendem Interesse über einen längeren Zeitraum einem Gespräch oder einer Verhandlung folgen. Aus dieser Erkenntnis heraus müssen, um Informationen oder Ausführungen bei dem Gesprächspartner zu festigen, Merker gesetzt werden. Solche Merker können Hinweise sein, wie:
»Diese Frage ist für Sie besonders aufschlußreich . . .«
»Bitte beachten Sie speziell . . .«
»Das ist für Sie die Gretchenfrage . . .«
»Achtung! Jetzt kommen wir zu dem für Sie entscheidenden Punkt.«

Die Gesprächspunkte, denen besondere Bedeutung beigemessen wird, müssen im Gespräch eine bevorzugte Stellung bekommen. Aus vielen experimentellen Untersuchungen ist bekannt, daß das, was am Anfang oder am Schluß eines Gespräches gesagt wird, am besten behalten wird.

11 Zusammenfassen

Je komplexer ein Problem ist, desto schwieriger ist es in der Regel, eine gemeinsame Lösung, Meinung oder Übereinstimmung in einer Gruppe zu finden. Zu viele Interessen, Fixierungen, Vorbehalte, Vorurteile, Selbstdarstellungsbedürfnisse behindern die gemeinsame Zielerreichung. Das gilt besonders dann, wenn nicht entsprechende Problemlösungstechniken beherrscht werden. Ein wichtiger Grund, warum Verhandlungen, Konferenzen oder Gespräche manchmal so endlos dauern, liegt auch darin, daß mit zunehmender Gesprächsdauer keiner der Teilnehmer mehr genau weiß, was eigentlich Sache ist. Die Zusammenfassung ist eine hervorragende Methode, mit der man die Teilnehmer immer wieder auf die entscheidenden, schon gemeinsam im Gespräch erarbeiteten Sachinhalte zurückführt. So kann beispielsweise der Verhandlungsführer, wenn er am Verhalten der Teilnehmer merkt, daß Auseinanderprozesse drohen oder die Verhandlungszeit weit vorangeschritten ist, zwischendurch eine Zusammenfassung bringen. »Meine Herren, lassen Sie uns bitte jetzt eine Zäsur machen. Wir haben doch bisher Einvernehmen erzielt über 1. . . ., 2. . . . und 3. . . . Offen ist noch der Punkt . . . und der Punkt . . . Ich schlage vor, daß . . .!«
In diesem Moment werden alle Teilnehmer wieder auf das ursprüngliche Thema und das bis dahin gemeinsam Erarbeitete zurückgeführt. Jeder ist wieder »im Bilde«. Falls einer der Teilnehmer im weiteren Verhandlungsverlauf Dinge, über die bereits Einigkeit bestand, in Frage stellt, kann man mit Nachdruck auf die Zusammenfassung verweisen, die am besten für alle sichtbar auf dem Flip-chart, der Wandtafel, dem Tageslichtprojektor oder sonst wo ablesbar sein sollte. Durch die Zwischenzusammenfassung spart man nicht nur Zeit, sondern konkretisiert schon Er-

gebnisse. Am Ende jeder Verhandlung muß, um die erarbeiteten Ergebnisse noch einmal ins Bewußtsein zu rücken, in jedem Fall eine Zusammenfassung erfolgen.

12 Erfolgreiches Behandeln von Einwänden

Wenn Menschen miteinander reden, dann ist es durchaus normal, wenn sie verschiedene Ansichten über irgendeine Sache haben. Mit unterschiedlichen Meinungen fertig zu werden, ist für eine erfolgreiche Tätigkeit von Menschen, die verhandeln, eine wesentliche Voraussetzung. Besonders bei Beginn einer Verhandlung werden erfahrene Taktiken einem krassen Nein aus dem Wege gehen. Sie werden das Nein geschickt verpacken und soweit wie möglich durch ein positives Argument abschwächen.

Einwände sind häufig ein sicheres Zeichen von Interesse. Sie bedeuten nämlich noch lange nicht, daß der andere vielleicht nicht überzeugt ist. Einwände beweisen vielmehr, daß es noch nicht gelungen ist, den Gesprächspartner durch Vorteile, Beweise und Tatsachen voll einzustimmen. Das Nein des anderen und seine Erklärung dafür sind der Ausgangspunkt, um festzustellen, wo falsche Vorstellungen und Ansichten verborgen sind. Der Gesprächspartner gibt durch seine kritische Äußerung selbst den Hinweis, wo wir noch nachfassen müssen, mit welchen Vorteilen wir noch aufwarten müssen, um ihn für uns zu gewinnen.
Die Einwände aus dem Gesprächspartner geschickt herauszuholen, haben wir durch die bereits erläuterte Fragetechnik gelernt. Völlig falsch wäre es, wenn wir bei Einwänden unseres Gegenübers anfangen, seine Argumente zu widerlegen, d. h. Gegenargumente zu bringen. Damit könnten wir einen handfesten Streit mit allen seinen negativen Folgen heraufbeschwören. Gerade bei der Behandlung von Einwänden kommt es aber darauf an, Streitgespräche und damit provozierte Spannung zu vermeiden.

Wir sollten den anderen ruhig ausreden lassen und ihn nicht unterbrechen, stattdessen lieber zuhören. Wir sollten besonders Punkte betonen, in denen wir mit unserem Gesprächspartner übereinstimmen. Je mehr das Gemeinsame betont wird, desto sicherer wird die positive Atmosphäre gewahrt und die Erfolgsaussicht steigt. Wer auf der eigenen Meinung beharrt, wer es also nicht versteht, Meinungsverschiedenheiten zu überbrücken oder Spannungen abzubauen, schafft sich einen Gegner. Er bringt nämlich eine starke Triebkraft des Menschen gegen sich auf: das Bedeutungsbedürfnis, das Verlangen nach Anerkennung und Bejahung. Scheinbar wird um die Sache gekämpft, in Wahrheit jedoch nur um die eigene Bedeutung. Der bessere Taktiker behält nicht recht, sondern er geht auf den anderen ein und erreicht auf diesem Wege das, was er sich vorgenommen hat. Deshalb sollten wir uns bei Einwänden des Gesprächspartners nicht dazu hinreißen lassen, unwillig zu reagieren, wie etwa:

»Wie können Sie nur so etwas sagen!«

»Da irren Sie sich aber gewaltig . . .«

»Aber das stimmt doch nicht . . .«

»Sie haben mich nicht richtig verstanden . . .«

»Ihre Ansicht ist wirklich mehr als komisch . . .«

»Jeder vernünftige Mensch weiß doch . . .«

»Sie müssen mir doch recht geben . . .«

»Da sind Sie auf dem Holzweg . . .«

Mit solchen Reaktionen fordert man geradezu den Streit heraus. Wesentlich wirkungsvoller ist es, dem Gesprächspartner zu signalisieren, daß wir durchaus akzeptieren, daß er eine Meinung hat. Wir könnten beispielsweise sagen: »Ihre Ansicht zeigt, wie sehr Sie mit der Praxis verbunden sind. Gerade deshalb wird es Sie interessieren, zu hören . . .« oder

– »Das ist wirklich interessant, was Sie sagen. Haben Sie auch berücksichtigt . . .«

– »Ich kann Ihre Auffassung sehr wohl verstehen, nur . . .«

- »Das können wir durchaus so sehen. Wir dürfen nur in diesem Fall nicht vergessen, daß . . .«
- »Auf diese Meinung stoßen wir häufig, nur darf nicht übersehen werden, daß . . .«
- »Sie schneiden da eine interessante Frage an! Darf ich gerade in diesem Zusammenhang bemerken, daß . . .«
- »Ihre Meinung hat viel für sich, jedoch . . .«
- »Sie haben recht! Das Bessere war schon immer der Feind des Guten, daher haben wir den früheren Nachteil behoben, weil . . .«
- »Ich verstehe Ihre Frage, die allerdings nicht leicht zu beantworten ist. Sehen Sie . . .«
- »Das ist interessant. Fast jeder äußert am Anfang diese Befürchtung. Dabei wird manchmal leicht vergessen, daß . . .«
- »Grundsätzlich stimme ich Ihnen zu, doch zu einem Punkt habe ich noch Fragen . . .«
- »Ich möchte Ihnen zustimmen, eine Frage scheint mir noch nicht hinreichend geklärt.«

Solche Äußerungen können manchmal floskelhaft wirken, dennoch neutralisieren sie schon im Vorfeld emotionale Negativreaktionen des Gesprächspartners.
Mit solchen Formulierungen wird die Meinung des Gesprächspartners bestätigt. Wir erlangen seine Bereitschaft, die abweichende Auffassung mit zu überdenken. Ohne sein Gesicht zu verlieren, kann er unsere Argumente prüfen und anerkennen.
Wir geben dem anderen Menschen das »Du-bist-o.k.-Gefühl« und haben damit erfolgreich die »Gewinner-Gewinner-Strategie« angewendet, d. h. zum Ausdruck gebracht.

»Du bist o.k. – ich bin o.k.«

Mit diesem »Positiv-Konzept« konzentrieren wir uns zwangsläufig auf die Stärken unserer Gesprächspartner, auf ihre positiven, erfolgreichen Leistungen. Durch die positive Rückkopplung und

Anerkennung signalisieren wir dem Gesprächspartner, daß wir ihn akzeptieren, daß wir ihn für »voll nehmen«. Wir vermeiden bewußt, den Partner zu kritisieren, d. h. die Gewinner-Verlierer-Strategie »Ich bin o.k. – Du bist nicht o.k.« anzuwenden. Jede Kritik, auch die sachliche Kritik, führt zur »Gewinner-Verlierer-Strategie« und gefährdet das Identitätsbild (Eigenimage) des Gesprächspartners. Jeder Mensch lebt nun einmal in bestimmten Spannungsfeldern, in die er sich eingebunden sieht.

- Die Eigeneinschätzung, das Selbstbild enthält alle Vorstellungen über die eigene Person (»So sehe ich mich«).
- Die Fremdeinschätzung, das Fremdbild enthält alle Vorstellungen, wie man glaubt, von anderen Menschen gesehen zu werden (»So glaube ich, sehen mich die anderen«).
- Das Wunschbild umfaßt alle Ziele und Wünsche, die sich ein Mensch selbst macht (»So möchte ich sein«).

Aus der Überlagerung dieser drei Spannungsfelder ergibt sich das Selbstwertgefühl, Identitäts- oder Persönlichkeitsbild eines Menschen.

Das Selbstwertgefühl oder die Ich-Stärke ist eines der wichtigsten Verhaltensregulative der Menschen. Im Laufe des Lebens bildet es sich und ist auch beim Erwachsenen noch zu beeinflussen. Der Mensch tendiert dazu, dieses Selbstwertgefühl ständig zu stärken. Alles, was man tut bzw. unterläßt, ist letztlich auf das Selbstwertgefühl ausgerichtet.

Der Mensch braucht die Bestätigung der Umwelt, die Kommunikation und die Zuwendung anderer Menschen, um seine Persönlichkeitsstruktur zu bewahren bzw. sie bilden zu können.

Bei jeder negativen Rückkopplung (»Ich bin o.k. – Du bist nicht o.k.«) wird der Mensch gezwungen, sein Persönlichkeitsbild zu korrigieren. Alle Bereiche (Selbstbild, Fremdbild, Wunschbild) werden z. B. durch Kritik gefährdet. Das löst Spannungen, Angst und Unsicherheit aus. Der Mensch greift unbewußt zur Selbsthilfe, indem er Abwehrmechanismen mobilisiert. Sie sind einfach notwendige Verhaltensweisen, die das Selbstwertgefühl schützen sollen (Bild 3 und Tafel 6).

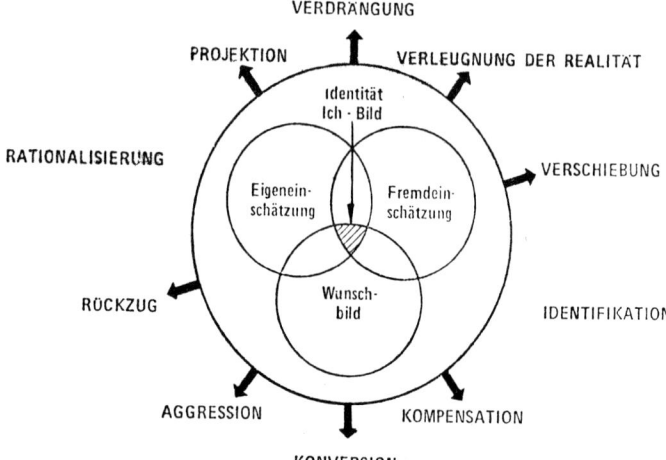

Bild 3: Abwehrmechanismen bei Bedrohung des Selbstwertgefühls

Die Gewinner-Gewinner-Strategie als Positiv-Konzept akzeptiert den Gesprächspartner so wie er ist, mit allen Schwächen und Stärken. Das gilt nicht nur im geschäftlichen, sondern ganz besonders auch im privaten Bereich. Wer mit bejahenden Formulierungen arbeitet, zwingt sich selbst zur Akzeptanz des Gesprächspartners.

- Das kann ich verstehen!
- Ja, so kann man es sehen!
- Das akzeptiere ich!
- Ja, das wäre eine Möglichkeit!
- Dafür habe ich Verständnis!

Die Methoden der Einwandbehandlung beruhen im wesentlichen auf dem Positiv-Konzept.

Tafel 6: Abwehrmechanismen bei Bedrohung des Selbstwert-gefühls

Verdrängung	Bewußtseinsinhalte werden »vergessen«
Verschiebung	Bestimmte Gefühlseinstellung wird nicht dem Objekt, dem es zukommt, sondern auf ein anderes »verschoben«.
Verleugnung der Realität	Bestimmte Dinge wollen nicht wahrgenommen werden.
Identifikation	Man nimmt eine andere Person als Vorbild und versucht, wie diese zu sein.
Kompensation	Die Selbstbestätigung wird woanders gesucht.
Konversion	Seelische Belastungen führen zu psychosomatischen Krankheiten.
Aggression	direkt gegen Partner, indirekt gegen Unbeteiligte, latenter Konflikt.
Rückzug	auf eine frühere Entwicklungsstufe, emotionale Isolation (Schmollen).
Rationalisierung	Entschuldigung eines Mißerfolgs.
Projektion	Eigene Bedürfnisse oder abgelehnte Eigenschaften werden in die Umwelt verlegt. Eigene Fehler werden nicht akzeptiert, sondern der Böswilligkeit anderer zugeschrieben.
Fixierung	Bei Nichtverarbeitung einer Sache kommt man immer wieder auf das Thema zurück.

12.1 Die Plus-Minus-Methode

Bei dieser Methode werden die Vor- und Nachteile eines Vorschlages oder Angebotes miteinander verglichen bzw. gegenseitig abgewogen.

»Wenn Sie sich die e-Heizung anschaffen, haben Sie keinen Kummer mehr mit der Brennstoffbeschaffung und -lagerung (Vorteil). Allerdings müßte Ihr Hauswirt vorher die Steigeleitung verstärken (Nachteil). Bei einem leistungsstarken Anschluß können Sie dann nicht nur die e-Heizung voll nutzen, sondern zusätzlich jedes gewünschte Elektrogerät in Ihrer Wohnung anschließen (Vorteil), ohne daß die Sicherung rausfliegt.«

12.2 Die Umkehrmethode

Der vom Gesprächspartner bemängelte Nachteil wird als Vorteil dargestellt. Das Minus wird zum Plus gemacht: Der Einwand wird nicht bestritten, sondern aufgegriffen und zum eigenen Vorteil gemacht. Dabei geben wir dem Gesprächspartner das Gefühl, daß sein Einwand für uns ein wertvoller Hinweis ist. Eine solche Einwandbehandlung wirkt eindrucksvoll, ist allerdings manipulativ.

Beispiel:

Hausbesitzer: »Jetzt die Verstärkung der Steigeleitung vornehmen zu lassen, kostet mich wieder eine Unmenge Geld.«

Berater: »Ja richtig. Aber gerade durch eine stärkere Steigeleitung werden erst wesentlich mehr Anschlußmöglichkeiten in Ihrem Hause geschaffen, was letzten Endes den Mietwert Ihrer Wohnungen wesentlich erhöht.«

Beispiel:

Produktionsleiter:	»Ich habe keine Zeit!«
Verkäufer:	»Ich weiß, wie wenig Zeit gerade Sie als Produktionsleiter haben. Gerade deshalb wird Sie es interessieren, wie Sie mit diesem Angebot Zeitersparnisse für sich erzielen können.«

12.3   Den Einwand vorwegnehmen

Die Methode, einen Einwand vorwegzunehmen – die bereits den Griechen der Antike geläufig war (sie nannten sie Prolepsis) – wird von erfolgreichen Taktikern in den Auseinandersetzungen häufig angewendet. Durch die Vorwegnahme eines Einwandes, einer Beschwerde oder eines Vorwurfes, behält man die Initiative, da man nicht aus einer Verteidigungsposition das Nein des anderen beseitigen muß, sondern man kann den Einwand widerlegen und aus eigener Sicht darstellen. Da der andere den Einwand noch gar nicht gebracht hat, fühlt er sich weder angegriffen noch besiegt.
Die beschriebene Methode beginnt häufig mit Formulierungen wie:
»Sie werden sich fragen, warum . . .«
»Meine Ausführungen wirken auf Sie sicher schockierend. Bedenken Sie, daß . . .«
»Nun werden Sie mit entgegenhalten, ich würde . . .«
»Selbstverständlich könnte jemand die Meinung vertreten, daß . . .«
»Es gibt auch heute noch Menschen, die glauben, daß . . .«

Besonders in strittigen Auseinandersetzungen wird diese Taktik gern angewendet, häufig nur, um durch die elegante und wirkungsvolle Einwandwiderlegung den Gesprächspartner zu beeindrucken.

Auch beim Eingestehen von Fehlern oder sonstigen Versäumnissen wird diese Methode der Einwandbehandlung gern benutzt. Durch das vorherige freimütige Eingestehen des eigenen Fehlverhaltens ist der andere kaum noch in der Lage, uns das eigene Versagen vorzuwerfen, denn wir geben es ja vorbehaltlos zu. »Wenn Sie jetzt mit mir unzufrieden sind und schimpfen, dann tun Sie es zu recht. Hier ist etwas schief gelaufen. Lassen Sie uns bitte gemeinsam überlegen, wie so etwas künftig vermieden werden kann.« Es kann durchaus geschehen, daß der andere das Fehlverhalten plötzlich als gar nicht mehr so schwer ansieht. Im Gegenteil, er kann es sogar noch herunterspielen. »Na ja, so schlimm war es auch wiederum nicht. Bitte passen Sie das nächste Mal auf!«

12.4 Den Einwand zur Frage machen

Diese Methode befreit den Verhandelnden aus der unangenehmen Lage, dem Gesprächspartner widersprechen zu müssen. Dadurch, daß wir den Einwand in Frageform wiederholen, erfolgt bereits die Anerkennung dessen, was der Gesprächspartner gesagt hat. Diese Methode vollzieht sich in drei Stufen:
- **Anerkennung dessen, was der Gesprächspartner sagt.**
- **Umbiegen seines abwehrenden Arguments in eine für ihn selbst bedeutungsvolle Frage, mit der man seine Interessenlage berücksichtigt.**
- **Kontrollfrage, die den Gesprächspartner veranlaßt, auf den neuen Gedanken einzugehen.**

Die Methode, den Einwand zur Frage zu machen, indem andere Ausführungen durch eigene Deutungen übersetzt werden, hat einen starken manipulativen Charakter, weil sie psychologisch eine Unterstellung sind.
»Wenn ich Sie richtig verstanden habe, meinen Sie . . .«
»Ihre Frage lautet doch . . .«
»Sie wollen damit sagen . . .«

»Praktisch bedeutet das . . .«
»Mit anderen Worten gesagt, meinen Sie . . .«

Die Umformulierung des Einwandes kann sehr wirkungsvoll sein, birgt jedoch die Gefahr in sich, daß der Gesprächspartner die Absicht erkennt und vielleicht negativ reagiert. Deshalb ist Vorsicht geboten.

Beispiel: Kundenberatung Geschirrspülautomat

Kundin:	»Einen Geschirrspülautomaten möchte ich schon haben, aber wohin damit? In meiner Küche ist viel zuwenig Platz.«
Kundenberaterin:	»Das leuchtet mir ein. Es geht doch um die Frage, ob Ihnen der Platz, der für das Aufstellen des Geschirrspülautomaten nicht noch als zusätzliche Arbeitsfläche dienen kann, ist es nicht so?«
Kundin:	»Ja, da haben Sie recht.«
Kundenberaterin:	»Wir kennen das Problem der modernen Küchen. Gerade deshalb wird dieser Geschirrspülautomat für Sie doppelt interessant sein. Hier diese Abdeckplatte besteht aus einer robusten Resopal-Platte, die nicht so leicht zerkratzt. Sie gewinnen damit eine zusätzliche Arbeitsplatte.«

12.5 Einwände offenlegen

Wir nennen von uns aus Einwände, von denen wir wissen, daß sie nicht stimmen können.

Beispiel: »Ich kann mir vorstellen, daß die Form dieses e-Speichergerätes nicht zusagt und daß Sie deswegen so zurückhaltend sind.«

mögliche Antwort:
>>Auf die äußere Form lege ich gar keinen Wert, die ganze Bauweise ist mir nicht robust genug!<<

Damit erfahren wir den echten Einwand und können entsprechend reagieren.

12.6 Einwand zurückstellen

Diese Methode wird immer dann angewendet, wenn ein Einwand des Gesprächspartners zu früh auf ein Thema zielt, das erst später behandelt werden soll, weil es dann durch unsere Argumentation besser vorbereitet ist. Wir müssen den Einwand wichtig machen und danach begründen, warum eine spätere Behandlung des Einwandes für den Gesprächspartner wichtig ist.

>>Ihr Einwand ist sehr wichtig, ich sehe daran, wie gut Sie sich informiert haben. Zuvor brauche ich jedoch noch einige Angaben von Ihnen, um Ihre Frage beantworten zu können. Wieviel . . .?<<

12.7 Vergleichsmethode

Handfeste Vergleiche in der Frageform gebracht, sind sehr wirkungsvoll. Man wählt möglichst bildhafte und verständliche Vergleiche, die aus der Alltagssituation des Gesprächspartners kommen. Wichtig dabei ist eine lebendige Schilderung.

Beispiel:

Kunde:	>>Als Architekt kann ich nicht verstehen, daß Sie in Ihrem Netz keine 30% Reserve haben.<<
Kundenberater:	>>Darf ich mit einem Vergleich antworten? Wenn Sie ein Geschäftshaus bauen, dann vermieten Sie sicherlich auch nicht nur 70% Ihres Hauses und halten dann 10 Jahre lang die restlichen 30% für evtl. zukünftige Mieter unentgeltlich vor.<<

12.8 Zeugen- oder Referenzmethode

Bei dieser Methode nennen wir einen überzeugten oder begeisterten Kunden als neutralen Dritten. Die Erfahrungen und Meinungen dieses Dritten klären oft besser die Zweifel des Kunden als unsere eigenen Darlegungen.

Beispiel:

»Sie interessiert sicher ein Vorschlag, wie Sie Ihre Energiekosten um bis zu 15 % senken können. Der technische Betriebsleiter der Firma . . ., Herr Würdig, ist gern bereit, Ihnen über seine Erfahrungen Auskunft zu geben.«

12.9 Bestätigungstechnik

Wie oft haben wir schon erlebt, daß unsere Gesprächspartner Argumente bringen, die wir nicht wortlos hinnehmen können. Würden wir direkt widersprechen, besteht die Gefahr, daß sich unser Gesprächspartner vielleicht verschließt. Seine Ich-Bezogenheit und sein Bedeutungsbedürfnis wären verletzt, so daß er in seiner Position verharren könnte. Ziel der »Bestätigungs-Technik« ist es, nicht sofort mit NEIN zu antworten. Wir stimmen deshalb zunächst bedingt zu und leiten dann die Gegenargumentation ein.

Beispiele:

»Ihr Vorschlag hat etwas für sich. Wir würden ihn gern befolgen, nur dürfen wir die technischen Richtlinien nicht übersehen.«
oder
»Zugegeben! Unsere Mitbewerber erheben keinen Anschlußbeitrag. Haben Sie jedoch auch an die wesentlich höheren laufenden Betriebskosten gedacht?«

Erfahrene Verhandlungstaktiker vermeiden das viel zu bekannte und abgegriffene ABER, weil viele Gesprächspartner darauf unwillig reagieren. Sie ersetzen aber ABER durch andererseits, dennoch, trotzdem, lediglich, nur, jedoch.

Tafel 7: Rhetorisch-taktische Methoden der Einwandbehandlung

Die rhetorisch-taktische Methode	Das psychologische Prinzip	Formulierungsvorschläge
1. Plus-Minus-Methode	Vorteile und Nachteile, Vorteile wiegen Nachteile auf	»Sie sagen sehr richtig . . ., daher müssen wir . . .!«
2. Umkehrmethode	Der Nachteil wird in einen Vorteil umgekehrt	»Ja! Gerade deshalb ist . . .« »Das ist Ihr Vorteil, denn . . .«
3. Einwand vorwegnehmen	Dem Gesprächspartner den Wind aus den Segeln nehmen	»Wahrscheinlich denken Sie an . . . »Wir werden oft gefragt . . .« »Es gibt Kunden, die glauben . . .«
4. Einwand zur Frage machen	Negatives wird durch die Frageform neutralisiert	»Ihre Frage lautet doch . . .« »Sie fragen sich also . . .« »Sie meinen sicher . . .«
5. Einwand offenlegen	Einwände bringen, um echten Grund der Ablehnung zu erfahren	»Ich kann mir vorstellen, daß Sie wegen . . . so zurückhaltend sind.«

Die rhetorisch-tak-tische Methode	Das psychologische Prinzip	Formulierungsvorschläge
6. Einwand zurückstellen	Einwand wird zunächst ausgeklammert	»Vielen Dank, ich komme gleich darauf zurück.« »Darf ich diese Frage anschließend beantworten?«
7. Vergleichmethode	Bildhafte Vergleiche wecken Vorstellungen	»Darf ich mit einem Vergleich antworten: . . .« »Stellen Sie sich vor . . . Genau das wäre diese Situation!«
8. Zeugen-Referenz-Methode	Referenzen neutralisieren. Ansichten des Dritten werden eher geglaubt	». . . war in der gleichen Situation wie Sie und hat . . .« »Es spricht doch dafür, daß . . .«
9. Bestätigungstechnik	Ja zur Sache bedeutet ja zur Person	»Ja, da haben Sie recht! Haben Sie aber auch . . .« »Natürlich . . ., aber . . .« »Zugegeben! Nur . . .«

13   Wiederholen

»Meinungen sind wie Nägel, je stärker du auf sie einschlägst, desto tiefer dringen sie«, sagt ein chinesisches Sprichwort. So ist es auch mit dem Wiederholen von Informationen, Argumenten, Behauptungen. Wenn man nicht sicher ist oder sicher gehen will, daß die Information beim Gesprächspartner ankommt, so ist die Wiederholung ein Hilfsmittel, um sie beim anderen einzuprägen. Erfahrene Verhandlungstaktiker variieren Wiederholungen, indem sie die gleiche Aussage unter neuen Aspekten aufzeigen oder sie in anderen Formen verpacken. Dabei achten sie darauf, daß sie sich nicht zu häufig wiederholen, um bei dem anderen nicht Mißtrauen oder sogar Aggressionen zu provozieren.

Napoleon soll einmal gesagt haben: »Es gibt nur eine Redefigur, die Wiederholung. Das Wiederholte festigt sich in den Köpfen, so daß es schließlich als eine bewiesene Wahrheit angenommen wurde.« Ein Beispiel aus dem politischen Bereich:

Ein Politiker behauptet in einer Parlamentsdebatte, daß die andere Partei ganz bestimmte anrüchige Dinge gesagt hat. Er beruft sich dabei auf eine Zeitungsmeldung vom 24. März 1981. Die angegriffene Partei, die normalerweise nicht alle Tageszeitungen zugriffsbereit hat, kann dem unmittelbar nichts entgegenhalten. Es wird sofort ein »Reitender Bote« losgeschickt, um die entsprechenden Unterlagen zu besorgen. Die zitierte und inzwischen beschaffte Zeitung wird aufmerksam durchgelesen, es wird festgestellt, daß die zitierte Aussage dort nicht enthalten ist. Ein Redner der angegriffenen Partei weist deshalb vor dem Plenum mit allem Nachdruck und entsprechender Entrüstung die Behauptung zurück.

Der Politiker, der vielleicht sogar absichtlich eine falsche Behauptung aufgestellt hat, entschuldigte sich und sagte: »Sie haben sicher aufmerksam die Zeitung studiert. Wenn ich mich bei der Datumsangabe geirrt haben sollte, so bedaure ich es. Es wird doch aber niemand abstreiten, daß . . .«

Jetzt wird die Behauptung, wenn auch in anderer Form und Verpackung, wiederholt, so daß selbst der letzte Hinterbänkler verstanden hat, worum es geht.

14 Um Vorschläge bitten

Wenn man in einer Verhandlung den Partner bittet, Vorschläge zur Lösung des vorliegenden Problems zu machen, so zwingt man ihn einerseits initiativ zu werden und andererseits lernt man seine Absicht, Meinung oder sein Problemverständnis kennen. Deckt sich sein Vorschlag mit der eigenen Meinung, hat man unter Umständen schon die gewünschte Lösung. Ist es nicht an dem, muß man um weitere Vorschläge bitten.
- »Was können wir noch verbessern?«
- »Was können wir noch tun?«
- »Wo müßten wir den Hebel ansetzen?«
- »Ich bitte Sie alle, mit zu überlegen und zu fragen, was wäre noch möglich?«

Wichtig ist, daß die Fragen als Informationsfragen (wann, wo, welche, wie) gestellt werden, damit ein Ja oder Nein vermieden wird. Durch die Bitte um konstruktive Mitarbeit – und das verbirgt sich hinter der Methode »um Vorschläge bitten« – vermeidet man ein blockierendes Verhalten beim Gesprächspartner.
Jede Lösung, die auf diesem Wege gefunden wird, gibt dem Gesprächspartner das Gefühl, daß es sein Wille, seine Lösung, seine Entscheidung ist. Er wird sich deshalb besonders aktiv für das Zustandekommen einer Einigung oder die Problemlösung einsetzen.

15 Konkretisieren lassen

In vielen Gesprächen und besonders in strittigen Auseinandersetzungen kann es durchaus geschehen, daß die Eigeninitiative verlorengeht, weil man von seinem Gesprächspartner durch geschickten Einsatz der Fragetechnik ins Abseits gestellt wird. Häufig weiß man dann nicht mehr weiter.

Mit der Methode »konkretisieren lassen« kann man den Initiativverlust wieder ausgleichen. Die Anwendung ist sehr einfach. Man geht auf den Gesprächspartner ein und bittet ihn, seine letzten Ausführungen noch etwas zu konkretisieren, zu verdeutlichen oder zu veranschaulichen. Damit ist der andere wieder gefordert. Durch zusätzliche Informationen, die er nun abgibt, hat man die Chance, neu anzuknüpfen und erfolgreich weiterzuführen.

Wenn man einer Stellungnahme ausweichen oder Zeit zum Nachdenken gewinnen will, kann man die Methode des »Konkretisierenlassens« ebenfalls wirkungsvoll einsetzen. Während der andere noch seine bisherigen Ausführungen tiefschürfend zu verdeutlichen sucht, hat man selbst ausreichend Zeit, sich die eigene Argumentation zurechtzulegen.

16 Um Vorteile ringen lassen

Folgende Ausgangslage:

Zwei Verhandlungsteams treffen aufeinander und kommen nach ausführlicher Diskussion des Sachstandes zum entscheidenden Verhandlungspunkt, den Konditionen. Der Verhandlungsführer auf der Einkäuferseite fordert 15 % Rabatt, frachtfreie Lieferung und zusätzlich für 2 Jahre Serviceleistungen und Personaltraining. Die Forderung ist bewußt komplex und hoch gestellt. Die Verhandlungspartner auf der Lieferantenseite sehen sich kurz an und stimmen der Einkäuferseite vorbehaltlos und uneingeschränkt zu. Was ist passiert?

Die Einkäuferseite ist – das sei unterstellt – bewußt hoch rangegangen, mit dem Ziel, das eine oder andere noch zu modifizieren bzw. sich Abstriche gefallen zu lassen. Da die Lieferantenseite sofort zugestimmt hat, bleibt überhaupt kein Verhandlungsspielraum. Vielmehr entsteht ein großes Mißtrauen. Die Einkäufer werden mit Sicherheit das Gefühl haben, mit ihrer Forderung falsch gelegen zu haben, d. h., wenn sie höhere Ansätze gemacht hätten, hätten sie gegebenenfalls noch mehr herausholen können. Es wird sich ein Gefühl der Enttäuschung und der Unsicherheit breit machen, das letztlich auch zur Ablehnung des Lieferanten führen kann.

Die Gegenseite hat hier klar einen alten Verhandlungsgrundsatz verletzt: Um Vorteile will man ringen, man will sie nicht geschenkt haben. Erst dann bekommen sie den richtigen Stellenwert.

Die gleiche Situation würde eintreten, wenn die Tarifpartner (Arbeitgeber/Gewerkschaft) in die Tarifrunde gehen würden, und schon bei der ersten Verhandlung würde die Arbeitgeberseite alle Forderungen erfüllen. Statt Zustimmung und Begeisterung würde sie nur Mißtrauen und Aggressionen provozieren, weil die Gewerkschaftsvertreter davon ausgehen müssen, daß sie völlig falsch verhandelt haben.

Die Beispiele haben nichts mit Basarismus zu tun, sondern sollen aufzeigen, daß jedes Verhandlungsergebnis errungen werden muß. Jeder Partner muß das Gefühl haben, etwas Besonderes erkämpft zu haben. Erst das macht zufrieden. Ein zu schnelles Ja in der Verhandlung birgt in sich die Gefahr, daß die Forderungen bei nachfolgenden Verhandlungen immer höher werden, weil der Verhandlungspartner nicht weiß, ob seine Forderungen auf der richtigen Ebene liegen.

17   Verzögerungsmethode – hinhaltende Verhandlung

Bringt ein Gesprächspartner einen Einwand, auf den nicht sofort geantwortet werden kann – weil es nicht möglich ist oder wir uns die Antwort erst überlegen müssen –, bitten wir ihn, deutlicher zu werden. »Bitte, wie meinen Sie das?« Verzögern können wir auch dadurch, daß wir sagen: »Vielen Dank, ich komme gleich darauf zurück!« oder »Darf ich diese Frage anschließend beantworten?« Die Verzögerungsmethode ist besonders bei kritischen Verhandlungssituationen eine beliebte Taktik. Wenn z. B. der andere hervorragende Argumente und Beweise für den Anspruch seiner Forderung hat und wir dem nichts entgegenhalten können, ist es manchmal zweckmäßig, hinhaltend weiter zu verhandeln. Vielleicht kommt uns im Verlaufe des Gespräches noch der rettende Gedanke, der uns hilft, den Anspruch des anderen abzuwehren oder zu vermindern.

Man kann ruhig sagen: »Wir kennen nun Ihre Meinung (Forderung, Anspruchsgrundlagen) und haben für Ihren Standpunkt durchaus Verständnis. Wir werden das in unserem Hause nochmals durchdenken, und in unserer nächsten gemeinsamen Besprechung werden wir bestimmt eine für beide Seiten annehmbare Lösung finden.« Durch den positiven Ausblick »Wir werden für beide Seiten eine annehmbare Lösung finden« stellt man wieder das Verbindende und das Gemeinsame in den Vordergrund, ohne nun unbedingt ja gesagt zu haben.

18 Dem Verhandlungspartner das Gesicht lassen

Ein chinesisches Sprichwort sagt, daß man dem Gesprächspartner die Maske nicht vom Gesicht reißen darf, sondern sie ganz behutsam abnehmen muß. Im übertragenen Sinne bedeutet das, auf die Verhandlungssituation bezogen, daß der Gesprächspartner nie das Gefühl haben sollte, der Unterlegene, d. h. der Verlierer zu sein. Selbst wenn er in vielen Dingen nachgeben mußte, sollte er – selbst bei langjähriger partnerschaftlicher Zusammenarbeit – das Gefühl haben, daß der obsiegende Teil nicht über ihn triumphiert.

In Abschnitt 12 wurde eingehend das Positiv-Konzept, das »Gewinner-Gewinner-Prinzip« behandelt. Der Verhandlungspartner soll selbst in der »Niederlage« noch ein »Du-bist-o.k.-Gefühl« haben. Man sollte deshalb nie triumphieren, wenn man besonders erfolgreich verhandelt hat. Das wäre ein kurzfristiger Pyrrhussieg.

Der Abschluß einer Verhandlung sollte Versöhnlichkeit zeigen, was meistens die Verhandlungsatmosphäre der kommenden Verhandlung beeinflußt.

II Unfaire Verhandlungstaktiken – und wie man sich dagegen wehren kann

Viele Verhandlungen sind dadurch gekennzeichnet, daß mit allen möglichen Tricks und Fallenstellermethoden gekämpft wird. Die Versuchung, mit unfairen Mitteln zu kämpfen – und das geschieht durchaus nicht immer vorsätzlich und bewußt – kommt aus den menschlichen Unzulänglichkeiten: dem Geltungstrieb, aus der Angst, das Gesicht zu verlieren, aus falsch verstandener Autorität oder auch aus Absicht, um zu gewinnen, koste es, was es wolle. Die unfairen Tricks und negativen Argumentationstechniken reichen vom direkten Persönlichwerden bis zur totalen Verzerrung eines Sachverhalts, hin bis zum Umfälschen reiner Sachverhalte ins Moralische, hin bis zu Formulierungen und Verhaltensweisen, die aus brutalem egoistischen Siegeswillen kommen. Vielen ist jedes diffamierende Mittel recht, wenn sie meinen, daß sie keine Argumente haben.

Ziel unfairer Methoden ist es, den Gesprächsgegner – Gegner muß wohl gesagt werden, denn der Begriff Partner ist hier meistens nicht mehr angebracht – zu verunsichern, ihn unglaubwürdig zu machen, in bloßzustellen, ihn lächerlich zu machen oder ihn zu unbedachten Reaktionen zu provozieren. Dieses direkte Angreifen einer Person, das »Persönlichwerden«, die »argumentatio ad hominem«, gehört sicherlich zu den schäbigsten Argumentationsweisen in einer Verhandlung. Die Taktik des »Persönlichwerdens« ist durchaus nicht neu, sie wurde zu allen Zeiten immer dann angewandt, wenn überzeugende Argumente fehlten. Hamilton, ein englischer Parlamentarier, empfahl als verhandlungstaktische Variante folgendes Vorgehen: »Taugt deine Sache nichts, berufe dich auf die Partei, taugt die Partei nichts, berufe dich auf die Sache, taugen beide nichts, verwunde deinen Gegner!« Das klingt sehr zynisch und ist wahrscheinlich auch so gemeint gewesen.

Die Anwender dieser Taktik machen sich die bio-chemische Reaktion des menschlichen Körpers im Reizzustand zunutze. Selye und Vester haben das in vielen Versuchen erforscht und beschrieben.

»Ungewohnte oder mit Gefahr oder unangenehmen Erinnerungen verknüpfte Wahrnehmungen lösen über das Zwischenhirn und den Sympatikusnerv eine direkte Stimulation der Nebenniere und einiger Gehirnregionen aus. In Bruchteilen von Sekunden werden von der Nebenniere zwei Hormone in den Blutkreislauf geschickt: Adrenalin (Fluchthormon) und Noradrenalin (Kampfhormon). Sie sind als Streßhormone bekannt und dienen dazu, den Körper schlagartig für Höchstleistungen, für einen plötzlichen Angriff oder eine plötzliche Flucht zu präparieren und ebenso schlagartig eine Erhöhung des Blutdrucks auszulösen. Wir alle kennen ja das mit einer Aufregung verbundene Gefühl einer plötzlichen Wallung.«

Während im Ruhestand in der ausgeglichenen körperlichen Phase die geistige Leistung beispielsweise 9 und die körperliche Leistung 1 ist, ist im extremen Reizzustand, im Streß, die geistige Leistung 1 und die körperliche Leistung 9.

Auf die Verhandlungssituation bezogen bedeutet das, daß derjenige, der sich provozieren läßt und somit ausreichend Adrenalin und Noradrenalin in seine Adern bekommt, sich entweder aggressiv verhält oder durch emotionelle Flucht der Situation entzieht, d. h., er ist zwar physisch noch da, psychisch aber hat er sich verbarrikadiert – und das im Wortsinne. Streß führt nämlich in extremen Situationen bis zur totalen Denkblockade.

In einem aggressiven Erregungszustand können manchmal Dinge gesagt werden, die man hinterher sehr bereut. Im geschäftlichen Verkehr kann das zu nicht wiedergutmachenden Beziehungskonflikten oder sogar Trennungen vom Geschäftspartner führen. Derjenige, der sich provozieren läßt, hat dann wirklich verloren.

Oberster Grundsatz bei der Abwehr der »argumentatio ad hominem« und der sonstigen unfairen Methoden lautet: Nicht »entrüsten« (im Wortsinne gemeint), ruhig bleiben und nicht provozieren lassen!

Neben dem »Persönlichwerden« gibt es noch eine Vielzahl anderer unfairer Methoden, die sich zwar nicht direkt gegen eine Person richten, die jedoch Tatsachen, Meinungen und Standpunkte verfälschen und verdrehen. Dem unfairen Verhalten liegt auch hier wieder ein einfaches Konzept zugrunde: das Sieg-Niederlage-Konzept, das den einen sichtbar ins Recht, den anderen sichtbar ins Unrecht setzen will. Man spricht häufig auch von unfairer Dialektik. Die Dialektik ist im klassischen Sinne die sogenannte »Disputierkunst«, die weit in die Antike bis zu Sokrates und Platon zurückreicht. Im Laufe der Philosophiegeschichte hat der Begriff »Dialektik« allerdings eine Reihe von Bedeutungsverschiebungen erfahren. Heute ist der Begriff in der Umgangssprache negativ besetzt, weil man darunter mehr Wortdreherei, Rechthaberei und ein mehr unfaires Argumentationsverhalten versteht.

Man sollte unfaire Taktiken – wenn überhaupt – nur anwenden, wenn man durch das Verhalten des Gegners dazu gezwungen wird. Dabei sollte darauf geachtet werden, daß man immer etwas weniger unfair ist als der Gegner. Wenn nämlich Fakten und Meinungen in der Auseinandersetzung verfälscht und verdreht werden, sachliche Argumentation durch Tricks und Winkelzüge ersetzt werden, dann fehlt es nicht nur an Fairness, sondern auch an Weitsicht, denn unfaire Methoden bringen nur kurzfristig Erfolg. Langfristig wird der Unfaire selbst der Verlierer sein.

Erfolgreiches Abwehrverhalten unfairer Verhaltensweisen zeigt sich in Ruhe und Gelassenheit. Lassen Sie sich daher nicht die emotionale Stimmung, die Lautstärke oder den Grad der Unfairness vom Angreifer aufdrängen, sondern setzen Sie sich deutlich von ihm ab. Begeben Sie sich nicht in die Verteidigungsposition und vermeiden Sie es, Erklärungen abzugeben. Antworten Sie möglichst kurz, klar und präzise, am besten nur mit einem Satz.

Um eine optimale Gegenposition auf- und ausbauen zu können, muß stets die Ursache des Angriffs analysiert werden. Versuchen Sie herauszufinden, ob es sich um Scherz, Spiel oder Ernst handelt und entscheiden Sie dann, ob Sie den Konflikt konstruktiv oder destruktiv auflösen wollen.

Die im folgenden aufgezeigten Abwehrstrategien können nur Verhaltensalternativen und keine Patentrezepte sein, denn die gibt es in der Vielgestaltigkeit beim Umgang mit Menschen nicht. Die wirkungsvollsten Methoden sind

- **Wiederholen lassen (dabei freundlich bleiben)**
- **Roger-Methode (fragendes Wiederholen des letzten emotional bedeutenden Wortes)**
- **Unpräzises Antworten (Antworten neben der Frage her)**
- **Bitte um Hilfe und Unterstützung**
- **Fragetechniken einsetzen (z. B. Gegenfragen)**

1 Moralisieren

Der direkteste Angriff auf eine Person vollzieht sich immer dann, wenn in der Auseinandersetzung nicht mehr das Argument, die Meinung oder der Sachverhalt diskutiert, sondern der Lebenswandel, der Lebensstil verurteilt wird. »Sie sollten erst einmal in Ihrem privaten Bereich Ordnung schaffen, bevor Sie hierzu Ihre Meinung sagen!« oder »Sie bei Ihrem Lebenswandel haben überhaupt kein Recht, diese Ansicht zu vertreten!«

Schneller kann man wohl kaum einen anderen Menschen provozieren oder ihn unglaubwürdig machen. Ist das Vertrauen in einen Menschen erst einmal in Frage gestellt, wandelt es sich schnell in Mißtrauen. Das gilt ganz besonders für Menschen in bedeutenden Positionen, von denen man moralisch eine höhere Erwartungshaltung hat als beim »Normalbürger«.

Abwehr:

- Roger-Methode (fragend wiederholen – bitte lächeln) . . .
  »Recht???«

- Vorwurf wiederholen lassen: »Unsere Zuhörer/Teilnehmer/ Gesprächspartner haben Sie nicht verstanden, was meinten Sie damit!«
- Lächeln Sie und sagen Sie beispielsweise: »Wissen Sie, der französische Philosoph Rousseau hat einmal gesagt: ›Beleidigungen sind die Argumente derer, die Unrecht haben.‹ Ich möchte dem eigentlich nichts mehr hinzufügen.«

Bismarck, ein glänzender und souveräner Debattierer, antwortete, als er von einem Abgeordneten des Landtages persönlich angegriffen wurde:
»Ich möchte den Vorredner überhaupt bitten, doch von seinen Bestrebungen, mir persönlich eine Roheit oder ein Unrecht in meiner Vergangenheit oder in meinem Privatleben nachzuweisen, abzulassen; es hat ja gar nichts mit dem zu tun, was sachlich hier verhandelt wird. Ich könnte ein viel üblerer Mensch sein als ich bin und doch sachlich recht haben.«

2 Die Glaubwürdigkeit des Gesprächspartners wird angezweifelt aus Widersprüchen, die in der Vergangenheit gemacht wurden

Bei der Schnellebigkeit unserer Zeit, in der sich das politische, gesellschaftliche und ökonomische Umfeld permanent ändert, ist es überhaupt nicht verwunderlich, daß Aussagen, die sich vor Jahren auf eine konkrete Situation bezogen, heute gar nicht mehr bzw. nur noch mit erheblichen Einschränkungen gelten können. Unfaire Verhandlungsgegner nutzen dies, indem sie sich beispielsweise auf Aussagen der Vergangenheit berufen, die nicht eintrafen und diese Fehlprognose auf die IST-Aussagen beziehen. »Sie haben vor vier Jahren einen Zuwachs von 4 % prognostiziert, vor zwei Jahren einen Zuwachs von 3 %, nichts von dem ist eingetreten. Was sollen wir nun von den Werten halten, die sie uns heute vorgaukeln?«

Die gesamte Argumentation ist darauf abgestellt, den Gesprächspartner in den Augen anderer unglaubwürdig zu machen. Sie ist überwiegend auf die »Drittwirkung« ausgerichtet, soll aber gleichzeitig den Gegner verunsichern und zu unbedachten Reaktionen verleiten.

Die gleiche Taktik wird auch angewendet, wenn der Gegner vor Jahren eine andere Meinung als heute hatte, wenn er sich mal geirrt oder einen Fehler in der Vergangenheit gemacht hatte. Das Ziel ist immer das gleiche: Den anderen unglaubwürdig und unsicher machen.

Abwehr:
– Roger-Methode: ». . . vorgaukeln???«
– Geben Sie den Irrtum vorbehaltlos zu: »Früher habe ich diese Meinung gehabt. Ich habe eingesehen, daß sie korrigiert werden muß, weil in der Zwischenzeit . . .«
   oder
   »Wissen Sie, der Irrtum ist nun einmal die tiefste Form der Erfahrung.«

Auch zu dieser Taktik gibt es von Bismarck eine elegante Erwiderung:

»Der Herr Abgeordnete tut so, als wenn ich mich ganz besonders vor allen Menschen dadurch auszeichne, daß ich alle zwei Jahre meine Ansichten diametral wechsle. Das tun wir . . . von der Opposition – so denkt er – nicht, was wir einmal gesagt haben; das glauben wir bis ans Jüngste Gericht, bis ans Ende, davon gehen wir nicht ab. Selbst, wenn uns hundertmal nachgewiesen wird, daß es nicht wahr ist, unsere Ehre erfordert, daß wir dabei bleiben . . . Ich bin mir darin stets gleich geblieben, daß ich immer darüber nachgedacht habe, was . . . augenblicklich das Nützlichste und das Zweckmäßigste ist.

Das ist nicht in jedem Fall dasselbe gewesen, es gibt eine Menge Sachen, die heute sehr annehmbar sind, mit denen man aber vor zwanzig Jahren nicht hätte kommen dürfen, und es gibt andere, die vor zwanzig Jahren sehr leicht waren und nützlich, die damals versäumt wurden, und die heute kein Mensch mehr annehmen würde.«

Aus dieser Formulierung spricht Souveränität gepaart mit kühler Logik und hartem Angriffsgeist. Dennoch ist sie nicht unfair.

3 Standpunkte, Meinungen in die Nähe mißliebiger Personen bringen

Ganz besonders in politischen, aber auch manchmal in innerbetrieblichen strittigen Verhandlungen kann man diese unfaire Methode beobachten, die darauf abzielt, den Gegner in die Nähe von Personen oder Personengruppierungen zu bringen, die persönlich oder von der Allgemeinheit abgelehnt werden und auf deren Meinung man keinen Wert legt.

»Diese Meinung hat auch Herr XY sehr häufig und starrköpfig vertreten!« Herr XY ist vor kurzem erst entlassen worden wegen Differenzen mit dem Unternehmen. Er wurde auch von den Kollegen wegen seiner Rechthaberei abgelehnt.

Im politischen Raum wird ähnlich vorgegangen. Die politische Meinung des Gegners wird in die Nähe anderer vergangener oder gegenwärtiger politischer Meinungen gerückt, die von der Allgemeinheit abgelehnt werden.

Abwehr:
- Roger-Methode: ». . . starrköpfig???«
- »Was spricht eigentlich dagegen, Herr . . .?«

4 Zweifel an der Autorenschaft äußern

»Das ist doch bereits von Herrn XY vor drei Wochen (vergeblich) vorgeschlagen worden!« – Damit wird der Vorschlag als nicht neu und der Vorschlagende als Plagiat, als Nachplapperer abqualifiziert. Die Aufmerksamkeit der anderen konzentriert sich auf die Person des Vorschlagenden – die Lösung geht verloren. Eine typische Verhaltensweise unfairer Verhandlungsführung, mit der der Gesprächspartner unsicher und unglaubwürdig gemacht werden soll. Mehrfach innerbetrieblich angewendet kann sie zu erheblichen persönlichen Nachteilen für den Angegriffenen führen. (Rufmord!)

Abwehr:

– Gegenfragetechnik einsetzen und/oder konkretisieren lassen.
»Welche Lösung ist denn für Sie von Interesse?«
»Wo sehen Sie Ansatzpunkte für . . .?«
»Was konkret ist denn an dem Vorschlag aus Ihrer Sicht verbesserungsbedürftig?«

5 Kompetenz wird bestritten

Man qualifiziert zunächst die These des Gegners ab als unbeweisbar, unglaubwürdig und unsachlich. Man bestreitet dann die persönliche Qualifikation, sich überhaupt zum Thema zu äußern und versucht, den Gegner so in die Ecke eines Outsiders zu drängen. Nahezu aussichtslos wird die Situation, wenn nunmehr der Angegriffene versuchen würde, seine Kompetenz zu beweisen durch Formulierungen wie »Ich habe das schließlich studiert« oder »Ich arbeite schon seit 10 Jahren daran«. Das reicht nicht aus, um andere zu überzeugen.

Abwehr:

»Über unsere Fachkompetenz sollen die anderen . . . entscheiden.«
»Sprechen Sie doch bitte zur Sache und nicht zur Kompetenz, das bringt uns doch nicht weiter!«
»Ich habe eine Verständnisfrage, Herr Kollege, sprechen wir über Kompetenzen oder Problemlösungen?«

6 Verspotten – ironisch werden

Eine beißende Waffe in einem Gespräch oder einer Verhandlung ist die Ironie, der Spott. Mit Spott wird das Gegenteil von dem gemeint, was man ausspricht und das, worauf er sich richtet, in Frage gestellt. Im Gegensatz zum Humor wirkt Ironie nicht versöhnlich, sondern kritisch und angreifend. Spott erschüttert das Selbstwertgefühl eines Menschen besonders, weil der Spötter zwar die Sache oder den Standpunkt ironisiert, aber den Gesprächspartner direkt trifft. Meistens hat er die Lacher auf seiner Seite. Nichts ist jedoch so verletzend, als verlacht, von anderen als Person nicht ernst genommen zu werden. Viele Menschen sind nicht schlagfertig genug, um sich dagegen zu wehren. Dabei ist die Schlagfertigkeit psychologisch gesehen die schnellste Form, sein Selbstwertgefühl wieder zu bestätigen. Wenn man es sehr geschickt macht, wird der Spötter den Spott zurückbekommen, d. h., Dritte lachen jetzt über ihn mit großer Schadenfreude, weil im Grunde genommen die meisten Menschen Angst vor dem Verspotten haben. Menschen, die leicht zur Ironie neigen, werden häufig abgelehnt, sie haben wenige wirkliche Freunde. Nicht gemeint ist in diesem Zusammenhang die Selbstironie, in der sich eine kritische spielerische Haltung sich selbst gegenüber ausdrückt.
Da Schlagfertigkeit nur schwer erlernbar ist, muß man andere Methoden kennen, um sich gegen Spott wehren zu können.

Abwehr:
Wichtigste Voraussetzung, um auf Spott zu reagieren:
- Bleiben Sie ruhig! Antworten Sie auf Spott mit Ernst. Sie lenken damit meistens die Sympathie und das Mitgefühl der Zuhörer auf Ihre Seite.
- Tun Sie so, als ob Sie Verständnis für die Situation des Spötters haben, dem offensichtlich keine Argumente mehr einfallen. Sagen Sie: »Wissen Sie, Ironie ersetzt keine Argumente!«

7 Dem anderen eigenes Interesse vorwerfen

In Auseinandersetzungen, in denen es an Argumenten fehlt, wird manchmal versucht, dem Widersacher persönliche oder materielle Interessiertheit nachzuweisen. Wenn nämlich behauptet werden kann, daß jemand immaterielle oder materielle Vorteile hat, wenn er eine bestimmte Ansicht vertritt, dann wirken diese unbewiesenen Feststellungen ziemlich vernichtend auf die Überzeugungskraft der vorgetragenen Äußerungen.

»Sie sind doch als . . . nur daran interessiert . . .«
»Das ist doch nicht Ihre Meinung, sondern die des . . .«
»Sie wollen sich doch nur bei . . . anbiedern.«

Hier soll im Ergebnis das Gefühl impliziert werden, daß der andere nicht aus ehrlicher und freier Überzeugung urteilt und handelt, sondern daß er nur ausführendes Organ ist oder um sich persönlich zu bereichern.

Abwehr:
– Roger-Methode: ». . . interessiert???«
                      ». . . anbiedern???«
– wiederholen lassen

8 Sprachliche Ausrutscher werden als mangelnde Kompetenz hingestellt

Im freien, engagierten Gespräch kann es durchaus vorkommen, daß man sich verspricht oder unklar ausdrückt. Bei entspannter, partnerschaftlicher Atmosphäre überhaupt keine Problemsituation. In der »Gegner-Situation« und beim unfairen Miteinander-Umgehen kann dieser sprachliche Patzer jedoch eine überragende Bedeutung bekommen. Der Versprecher oder bei Fremdworten die falsche Verwendung wird sofort von dem »Fallensteller« aufgegriffen und in unfairer Weise umgesetzt.

»Wir alle haben Ihnen, Herr XY, sehr aufmerksam zugehört. Uns allen ist aus Ihren Ausführungen aber auch klargeworden, daß Ihnen noch nicht einmal der Unterschied zwischen sinnieren (nachdenken) und simulieren (vorgeben, sich verstellen) klar geworden ist. Was sollen wir erst inhaltlich daraus schließen?«

Hier wird in unfairer Weise versucht, die häufig falsch benutzten Begriffe »sinnieren« und »simulieren« als Hebel für die Glaubwürdigkeit der gesamten Argumentation zu benutzen. Statt sich auf die Argumentation des Gesprächspartners einzustellen, greift man die Fehlformulierung oder die sprachliche Ungenauigkeit auf und erweckt den Eindruck, daß auch das übrige Gesagte nicht viel besser sein kann.

Abwehr:
- Benutzen Sie nur Fremdworte, die Sie wirklich beherrschen (am besten Sie verzichten darauf)!
- Geben Sie den vermeintlichen Irrtum zu! »Im Grundsatz haben Sie recht. Ich frage mich nur, warum gemäß Duden beides in der Umgangssprache zulässig ist.«
- »Was meinen Sie, bringt uns jetzt eine Diskussion über Fremdworte wirklich weiter oder wäre die Fortführung der sachlichen Diskussion für uns alle nicht konstruktiver?«

9 Durch bohrendes Fragen den anderen verunsichern

In der fairen Verhandlung dient die Frage im Grunde genommen dazu, die Probleme, Wünsche oder Meinungen des Gesprächspartners in Erfahrung zu bringen, um mit ihm gemeinsam nach Übereinstimmungen und Lösungen zu suchen. Das strategische Konzept ist die Gewinner-Gewinner-Strategie. Das bohrende Fragen als unfaires Konzept ist die Gewinner-Verlierer-Strategie. Zunächst wird die Ansicht des Gegners als richtig hingenommen, um ihn in Sicherheit zu wiegen und dann wird versucht durch gezieltes, tiefergehendes, bohrendes Fragen Was?, Wann?, Wo?, Welches Ausmaß?, Warum? die Argumentation zu erschüttern. Da der andere mit ziemlicher Sicherheit nicht alles beantworten kann und bei dieser Methode des »Hinterfragens« ausweichende Antworten nicht akzeptiert werden, stößt man mit Sicherheit auf eine Schwachstelle, an der eingehakt wird. Wenn so die Schwäche der Argumentation aufgedeckt worden ist, ist es ein leichtes, die Gesamtargumentation oder sogar die Person in Frage zu stellen.

Zu den verunsichernden Fragen gehören beispielsweise:
»Warum ist dieses Bauprinzip gewählt worden?«
»Warum sehen Sie keine anderen Lösungsmöglichkeiten?«
»Worauf kommt es denn hier in erster Linie an?«
»Warum ist das für Sie das wichtigste?«
»Ist das wirklich richtig?«

Die Fragen nach dem Warum zwingen den anderen in eine Rechtfertigungsposition und sind damit schon konfliktträchtig, weil er beweisen soll, warum das so ist, so wurde oder nicht wurde.

Abwehr:
– Stellen Sie Gegenfragen, sie geben Ihnen die Initiative zurück.
– Lassen Sie konkretisieren.
   »Was konkret meinen Sie mit . . .?«

10   Die Beanstandung der Fragestellung

Während das »bohrende Fragen« darauf abstellt, Lücken in der gegnerischen Argumentation aufzudecken und entsprechend auszunutzen, zielt die Beanstandung der Fragestellung darauf ab, die Verhandlung oder das Gespräch in eine neue Richtung zu lenken. Der andere geht auf die gestellte Fragen gar nicht ein.

»Die Frage, die Sie stellen, muß doch lauten . . .?«
»So möchte ich die Frage nicht gestellt wissen, Sie meinen doch . . .?«
»So dürfen Sie die Frage nicht stellen, vielmehr muß es doch wohl heißen . . .?«
Diese Taktik ist besonders beliebt in Interviews oder in politischen Debatten. Durch die Umformulierung wird künstlicher Nebel erzeugt, weil nicht sofort erkennbar ist, wohin die Umformulierung der Frage zielt.

Abwehr:
– Auf Beantwortung der Frage bestehen!
  »Was hindert Sie eigentlich daran, meine klar gestellte Frage zu beantworten?«
  »Ihre Frage möchte ich im Moment gar nicht behandelt wissen, meine Frage lautete: . . .«

11 Tatsachen werden bestritten

Alles, was der Gesprächspartner an Argumenten oder Tatsachen bringt, wird bei dieser Methode rundweg bestritten. Es wird in Abrede gestellt, daß es so ist – im Gegenteil, es wird behauptet, daß sich die Sache in Wirklichkeit ganz anders verhält. Der Angegriffene wird nun seinerseits bemüht sein, Beweise zu bringen, daß es doch so ist. Damit gibt er zusätzliche Informationen von sich. Bei den meisten Begründungen sagen die Menschen ohnehin zuviel, weil sie nach Möglichkeit allumfassend antworten wollen. Das führt zwangsläufig zu einer Schwächung des Beweises, weil sie manchmal in der Beweisführung danebengreifen. Damit werden Blößen aufgedeckt, in die der andere schonungslos hineinstößt und die gesamte Argumentation erschüttert bzw. den Gesprächspartner verwirrt oder ihn unglaubwürdig macht.

Neben dem vollständigen Bestreiten wird häufig auch die Taktik des teilweisen Bestreitens von Tatsachen angewandt. Durch das extreme, genaue Untersuchen jedes einzelnen Arguments gibt sich der andere den Anschein eines besonders genauen und rechtschaffenen Menschen, dem es auf sachliche Klarstellung ankommt. Da viele Argumente unterschiedlich bewertet werden können, wird hier durch das teilweise Bestreiten von Tatsachen die Gesamtsache in Frage gestellt.

Das Bestreiten oder In-Frage-stellen von Tatsachen geschieht meistens nicht nur verbal, sondern es reichen schon sprachfreie Signale des Zweifelns aus wie z. B. Kopfschütteln, bedenkliches und zweifelndes Mienenspiel, um den Gesprächspartner zu verunsichern.

Abwehr:

– Den anderen beweisen lassen, daß es nicht so ist (Replik).
»Was bitte ist an meinen Ausführungen noch nicht deutlich geworden?«
oder
»Wo habe ich den Gedankenfehler gemacht?«, »Was konkret meinen Sie?«

Nun ist der Gesprächspartner aufgefordert, Beweise für den Gegenstandpunkt zu bringen. Die Initiative liegt nun wieder bei Ihnen.

Ist seine Beweisführung wiederum nicht ganz eindeutig, kann man nur an Terrain gewinnen. Wer die Beweislast letztendlich hat, ist damit oft schon unterlegen.

12 Verfahrensfragen stellen

Immer wenn Argumente fehlen, um andere Menschen zu überzeugen, wird häufig nach Wegen gesucht, sich dennoch einen Anstrich zu geben, als ob man im Recht sei. Hierzu gehört auch die Frage, ob man aus »verfahrenstechnischen Gründen« überhaupt so vorgehen darf.

In einem paritätisch besetzten Ausschuß, der tagte, fehlte der Vorsitzende unvorhergesehen wegen Krankheit, und der Stellvertreter war in Urlaub. Diesen Sachstand nahm eine Partei zum Anlaß, durch eine endlose verfahrenstechnische Diskussion die gesamte Gesprächsrunde nicht nur zu spalten, sondern auch die ganze Sitzung platzen zu lassen.

Noch ein weiteres Beispiel aus dem politischen Bereich (Die Welt vom 15. 10. 1981):

»Zunächst einmal scheiterte der Versuch der Opposition, die Debatte als ›unannehmbar im Sinne der Verfassung‹ absetzen zu lassen. Gaullisten und Giscardisten, die auf dem Gebiet der Verstaatlichung zum ersten Mal wieder geschlossen marschieren, wollen sich jetzt energisch gegen das ›Unannehmbare und Irreparable‹ zur Wehr setzen und die Debatte mit fast 800 Zusatzanträgen zum Gesetzentwurf der Regierung so lange wie möglich hinauszögern.«

Viele andere Verhandlungen sind mit Sicherheit ähnlich gescheitert, weil über das Verfahren der Verhandlung, d. h. das Vorgehen mit Vorsatz so lange diskutiert wird, bis sich die Parteien (wie wahrscheinlich geplant) ernstlich entzweien.

Abwehr:
– Schwierig, weil häufig nicht feststellbar ist, ob überhaupt ein Einigungswille vorhanden ist.
Möglicherweise kann eine gemeinsame Problemformulierung am Anfang der Verhandlung Verfahrenskonflikte lösen.
»Um ein gemeinsames Problemverständnis herzustellen, schlage ich vor, daß wir alle noch einmal unsere . . . zusammen formulieren!«
(Immer die offene Frageform Wer, Was, Wann bei der Formulierung wählen!)

13 Die Widerlegung ad absurdum

Der Kunstgriff dieser Methode besteht darin, daß ein an sich vernünftiges Argument der Gegenseite so in das Extrem gesteigert und überspannt wird, daß ein unsinniges Ergebnis herauskommen muß. Dadurch wird die Grundaussage »ad absurdum« geführt, d. h., sie ist angreifbar und unglaubwürdig. Nicht die Folgerungen sind dann das Absurde, sondern das Argument selbst wird durch die Überzogenheit so entstellt, daß es abgelehnt werden müßte. In politischen Debatten ist diese Taktik sehr beliebt, weil man meistens die Lacher auf seiner Seite hat – wenn auch nur für kurze Zeit.

Auf einer Experten-Anhörung in Rahmen der Gründung einer Universität ging es um die Eingangsvoraussetzungen für die Aufnahme von Universitätsanfängern. Ein Teilnehmer vertrat den Standpunkt, daß die Hochschulreife durch entsprechende schulische Leistungen nachgewiesen werden müßte. Ein Teilnehmer springt daraufhin auf und entgegnet: »So ist das also. Der Vorredner erklärt mit anderen Worten, daß eine qualifizierte Berufsausbildung nichts wert ist, und daß ein Facharbeiter nicht in der Lage sei, an einer Hochschule zu studieren! Das ist eine Ungeheuerlichkeit, die ich mir nicht gefallen lasse!«
Was ist geschehen? Der zweite Redner hat die Äußerung des Vorredners auf seine Weise ins Absurde geführt. Er hat dessen Aussage in eine Form gegossen, in die sie gar nicht hineingehört. Es war von »Hochschulreife« und nicht von Arbeitern die Rede. Durch das Unterschieben von vergröberten allgemeinbezüglichen Äußerungen bot sich so ein Ansatzpunkt zur Polemik.

Auch in politischen Debatten findet sich diese Streitfigur häufig. Wenn die Regierung eine Ergänzungsabgabe in Erwägung zieht, pflegen die Betroffenen darauf hinzuweisen, daß sie den konjunktur- und wachstumspolitischen Notwendigkeiten widerspricht. Sie bewirke im Gegenteil die Reduzierung der Investitionsbereitschaft – und zwar mit Sicherheit und sofort. Das hat negative Auswirkungen auf die Nachfragesituation und Arbeitsplätze.

Ein Deputierter kritisierte die neue Einteilung Frankreichs als unnatürlich. Er rief aus: »Man muß dem Volk und der Nationalversammlung nur zeigen, was natürlich ist.«
»Dummheiten«, unterbrach ihn ein anderer, »mein Hintern ist auch natürlich, und ich zeige ihn weder dem Volk noch der Nationalversammlung!«

Abwehr:
– Lassen Sie sich nicht beeindrucken. Fassen Sie Ihre eigenen Gedanken nochmals kurz zusammen und nennen Sie den Geltungsbereich Ihrer Aussage.
– Sagen Sie dem anderen, daß er etwas konstruiert und weisen Sie darauf hin, daß von einer so übertriebenen Folgerung nicht die Rede sei.

14 Umkehrmethode – aus Nachteilen Vorteile machen und umgekehrt

Die Grenze zwischen fairer und unfairer Argumentation ist nicht so eindeutig zu ziehen, wie es eigentlich zu wünschen wäre. Das gilt auch für die Umkehrmethode, bei der z. B. der Nachteil gar nicht bestritten, sondern aufgegriffen und zur eigenen Vorteilsargumentation benutzt wird. Diese Methode ist uralt. Sie war eine feste Redefigur in der Argumentation (retorsio argumenti) der Griechen und Römer der Antike. Ausgangspunkt ist ein argumentationspsychologischer Grundsatz: nur wer das Gefühl hat, daß die eigene Meinung, der eigene Standpunkt genügend berücksichtigt und ernstgenommen wird, ist bereit, ihn aufzugeben. Genau das wird bei der Umkehrmethode getan. Dem Gesprächspartner wird das Gefühl vermittelt, daß sein Einwand ein wertvoller Hinweis sei, den man ernst nimmt. Aus dem behaupteten Minus wird ein Plus gemacht. Die Umkehrmethode wird häufig auch die Gerade-deshalb-Methode genannt, weil mit der einleitenden Formulierung ». . . gerade deshalb . . .« der behauptete Nachteil in einen Vorteil umgemünzt wird. (s. Abschn. I, 12.2)

Beispiel: Bewerbung

Personalchef: »Ihre Gehaltsforderung ist viel zu hoch. Viertausendneunhundert Mark sind für uns nicht tragbar. Bedenken Sie doch bitte, daß Sie überhaupt keine Branchenkenntnisse mitbringen. Im übrigen geht das schon aus Quervergleichsgründen mit anderen qualifizierten Mitarbeitern nicht.«

Bewerber: »Sie sagen durchaus mit Recht, daß ich aus einer anderen Branche komme. Gerade deshalb komme ich – im Gegensatz zu Bewerbern aus der gleichen Branche – ohne Branchen-Blindheit zu Ihnen. Damit kommen zusätzliche Anregungen und Ideen in Ihren Betrieb. Bei einem Bewerber aus der gleichen Branche, der im eingefahrenen Gleis bleibt, wäre dieser Vorteil für Sie nicht gegeben. Es ist doch bestimmt gerechtfertigt, wenn ich mindestens das gleiche verdiene wie ein solcher anderer Bewerber.«

Abwehr:
Sagen Sie Ihrem Gesprächspartner, daß der Nachteil bzw. Vorteil durch die Umkehrung nicht seine Bedeutung verloren hat.
Betonen Sie, daß das »Gerade deshalb . . .« nichts daran ändert.

15 Zu Tode loben

Viele gutgemeinte und auch für die Entwicklung einer Sache wichtige Vorschläge werden häufig kaputt gemacht, indem sie so extrem gelobt werden, daß sie Dritte mißtrauisch machen und erhebliche Zweifel bei ihnen wachrütteln hinsichtlich der wirklichen Güte des Vorschlages. Hierzu werden häufig Formulierungen benutzt wie:

»Toll, großartig! Genau das ist das richtige! Die einzige richtige Lösung!«

Jeder von uns wird sich spätestens hier fragen, was wohl an der Sache faul ist.

Abwehr:
– Unterbinden Sie die Übertreibung und verweisen Sie auf die Ernsthaftigkeit des Vorschlages. Benutzen Sie die Technik des Abwägens.

»Wissen Sie, alles hat zwei Seiten, auf der einen Seite werden wir . . . nicht lösen können, jedoch in jedem Fall . . . und zusätzlich noch . . . Das sind die ernsthaften Gründe, die für den Vorschlag sprechen!«

16 Die Taktik der Verwirrung

Diese Taktik besteht darin, die Verhandlung durch konfuses Gerede so durcheinanderzubringen, daß die Gesprächspartner vom eigentlichen Sachstand weggeführt werden. Es wird über alle möglichen Dinge geredet, nur nicht über die Sache. Oberstes Motto ist: »Wie kann ich wissen, was ich denke, bevor ich höre, was ich sage!« Wenn man versucht, den Verwirrer zur Sache zurückzuführen, reagiert dieser erregt und beschwert sich, daß man ihn nie ausreden ließe und er die ganze Zeit nur von der Sache gesprochen hätte. Er tut so, als plage er sich mit der Klarstellung des Sachverhaltes ab und es sei nur der außerordentlichen Schwierigkeit des Problems und dem Unverstand der Gegenseite zuzuschreiben, daß man nicht weiterkomme. Zum Verwirrspiel gehört auch das Aufbauschen von einzelnen Worten und Begriffen.

Abwehr:
- Dieser Taktik können Sie nur mit Geduld und Ausdauer entgegenwirken.
- Lassen Sie nicht locker. Fragen Sie:

»Was schlagen Sie vor?«

»Welche Lösung sehen Sie?«

»Welche Lösung ist noch denkbar?«

Auf die Dauer ersetzt Unklarheit keine Argumente.

17 Thema wechseln

Wenn ein gewiefter Verhandler merkt, daß er an Boden verliert und in die Defensive gedrängt wird, weil der Gesprächspartner die besseren und überzeugenderen Argumente hat, versucht er sich zu retten, indem er in irgendeiner Weise das »Thema wechselt«. Er geht beispielsweise auf die gegnerischen Ausführung im Detail ein und versucht, so die Aufmerksamkeit auf das Detail umzulenken, das ihm als Kristallisationspunkt für ein neues Thema dienen soll. Er gewinnt dadurch Zeit für neue taktische Überlegungen. Wer hier nicht genau aufpaßt, merkt gar nicht, daß plötzlich über ein ganz anderes Thema diskutiert wird.

Abwehr:
- Bleiben Sie beim Thema, lassen Sie sich nicht einwickeln.
  Sagen Sie z. B.:

»Ich bleibe beim Thema, auch wenn es Ihnen nicht paßt.«

»Das Thema scheint Ihnen unter die Haut zu gehen.«

»Was hindert Sie eigentlich, über unser Thema zu diskutieren?«

18 Verdrehung des Streitpunktes

In vielen Verhandlungen, besonders in den langwierigen, passiert es immer wieder, daß man aneinander vorbeiredet, weil die

Ausführungen der einen Partei von der anderen anders aufgefaßt werden, als es vielleicht beabsichtigt war. Das liegt einerseits an der prinzipiellen Mehrdeutigkeit von Informationen und andererseits an den unterschiedlichen Motiven, Interessen oder Zielen der Gesprächspartner. Der kommunikative Verzerrungswinkel ist nun einmal von vornherein gegeben. Diese Erkenntnis macht sich der unfaire Verhandler zunutze. Er greift gezielt Nebenpunkte heraus, bei denen sich der Gesprächspartner geirrt hat. Er wälzt diese Punkte bis ins kleinste aus und versucht, bei anderen den Eindruck zu erwecken, daß der Angegriffene sich nicht nur hier geirrt hat, sondern daß seine ganze übrige Argumentation ebenfalls nichts taugt.

Abwehr:
Irrtum zugeben und Vorteilsargumentation des eigenen Standpunktes bringen.
»Ich gebe vorbehaltlos zu, daß dieser Punkt noch einmal durchdacht werden muß, es geht doch aber nichts daran vorbei, daß 1. . . ., 2. . . . und auch zusätzlich noch 3. . . . berechtigt ist!«

19 Es wird interpretiert

Bei der Interpretation greift der Gesprächspartner unsere Äußerungen auf und »übersetzt« sie so, daß sie in seine eigene Meinung passen. Das geschieht in der Regel mit Formulierungen wie:
»Damit wollen Sie doch zum Ausdruck bringen . . .«
»Sie wollen damit sagen . . .«
»Mit anderen Worten gesagt meinen Sie . . .«
»Ihre Aussage bedeutet doch, daß . . .«
»Wenn ich Sie richtig verstanden habe, meinen Sie doch damit . . .«
»Praktisch bedeutet das . . .«
»Bedeutet das, daß . . .«
»Können wir daraus folgern . . .?«

Viele merken erst viel zu spät, daß ihre eigene Argumentation in eine völlig andere Richtung gelenkt wird, d. h., daß Dinge hineininterpretiert werden, die überhaupt nicht zum Ausdruck gebracht werden sollten.

Abwehr:
Sofort widersprechen und den eigenen Standpunkt nochmals mit anderen Worten darlegen.
»Nein, das wollte ich nicht zum Ausdruck bringen. Ich meine . . .«

20 Auf Autoritäten berufen

Wer seinen Worten besonderes Gewicht beimessen will, beruft sich manchmal auf anerkannte Autoritäten, um so zu beweisen, daß die eigene Meinung abgesichert ist. Wer weiß schon, ob den Worten der Autorität der gleiche Tatbestand zugrunde lag oder ob er nicht sogar aus dem Zusammenhang gerissen wurde oder durch Weglassen von Satzzeichen oder einschränkenden Nebensätzen in der Bedeutung gefälscht wurde. Wer besitzt schon den Mut, sofern er die Autorität überhaupt kennt, an den Meinungsäußerungen großer Geister zu zweifeln. Wer nimmt schon die Mühe auf sich oder ist rein zeitlich in der Lage, die Behauptungen nachzuprüfen.
Mit dieser Methode sollen gefährliche Punkte der eigenen Argumentation verdunkelt bzw. die eigene Position gestärkt werden. Wer will schon bezweifeln, daß »der Vorstand schon gesagt hat . . .«. Besonders unfair wird die Situation, wenn Autoritäten einfach erfunden werden, auf die man sich dann bezieht. Lassen Sie sich nicht aufs Glatteis führen.

Abwehr:
- Lehnen Sie Autoritätsbeweise ab.
- Lassen Sie sich die Quelle genau nennen und notieren Sie sie sichtbar für alle.

- Behalten Sie sich formell die kritische Nachprüfung vor.
- »Ich lehne Autoritätsbeweise grundsätzlich ab, werde sie aber prüfen. Wo genau steht dieses Zitat?«

21 Es werden extreme, nicht erfüllbare Forderungen gestellt

Bei den sogenannten »Linken« spielt die Taktik der »moralischen Überbietung bzw. Forderung« eine überragende Rolle. So ist z. B. die politische Realität im Vergleich mit Idealen immer unzulänglich, sei es Chancengleichheit, Freiheit, Selbstbestimmung, Gerechtigkeit u. a. m. Wer den relativen Wert verteidigt und sich auf das bisher erreichte hohe Maß an Chancengleichheit, Freiheit usw. beruft, wird von den Linken mit dem Ruf nach noch mehr überboten. Aufgrund der überzogenen und meistens nicht realisierbaren Forderungen geben sie sich als besonders anspruchsvoll und stempeln den politischen Gegner als moralisch minderwertig ab. Die Methode der moralischen Überbietung ist deswegen so gefährlich, weil man sich auf Ideale berufen kann, die unbestritten sind. Wer will wohl nicht mehr Selbstbestimmung, mehr Freiheit, mehr Chancengleichheit oder mehr Mündigkeit? Die meisten Durchschnittsbürger erkennen diese Taktik nicht und sind der Strategie der Linken ziemlich wehrlos ausgeliefert.

Auch in geschäftlichen Verhandlungen kann man manchmal die »Methode der unannehmbaren Forderungen« beobachten. So versucht beispielsweise die eine Seite, die andere durch die extreme, überhöhte Forderung zu verunsichern und mürbe zu machen. Die überspannte Forderung soll lediglich dazu dienen, eigene Vorschläge abzuschmettern. Wenn man nicht auf die überhöhten Forderungen eingeht, wird einem die Schuld am Scheitern der Vereinbarung oder des Geschäftes zugeschoben. So wird z. B. manchmal bei der Vergabe von Aufträgen die Ausschreibung nur noch pro forma vollzogen, obwohl praktisch schon feststeht, wer den Auftrag bekommt. Würde man dennoch neue günstigere Angebote abgeben, werden so extreme und teilweise unannehmbare Forderungen gestellt, daß man von allein aufgeben muß.

Abwehr:
- Vermeiden Sie ein direktes »Nein«, denn das will der Gegner häufig hören, um Sie für das Scheitern der Verhandlung verantwortlich zu machen. Fassen Sie sich vielmehr in Geduld, zeigen Sie dem Gegner, daß Sie Zeit haben.
- In der politischen Auseinandersetzung könnte man ggf. auch etwas aggressivere Tendenzen hineintragen, dazu eignen sich Aphorismen, Sprüche oder Zitate.
  »Ideologien haben den Vorteil, daß sie einem ersparen, Ideen haben zu müssen.«

22 Man stellt unechte Forderungen

Durch das Hineintragen zusätzlicher unechter Forderungen versucht manchmal die Gegenseite, die eigene Verhandlungsposition zu verbessern oder vom eigentlichen Ziel abzulenken. Zunächst wird über die zusätzlichen Punkte hart gerungen, um dann großzügig nachzugeben. Da wir nicht alles ablehnen können, hofft der andere, daß wir in der Hauptsache Zugeständnisse machen, um eine Einigung herbeizuführen.
So könnte beispielsweise der Verhandlungsgegner die kostenlose Aufstellung der Anlagen fordern und zusätzlich noch das kostenlose Training des Personals, verlängerte Garantiezeiten, Ersatzteilvorhaltung, kostenlosen Service u. a. m., um letztendlich einen günstigeren Anlagenpreis herauszuholen.

Abwehr:
- Vermeiden Sie nach Möglichkeit ein ausgesprochenes NEIN auf die unechte Forderung. Stellen Sie Fragen:
»Worauf kommt es Ihnen an?«

»Was halten Sie für das Wichtigste?«
»Worauf legen Sie besonderen Wert?«

23 Pausentaktik als Manipulationsmethode

Im täglichen Gespräch hat sich eine Reihe von Kommunikations-
mustern gebildet, mit denen wir versuchen, eine bestimmte Wirkung zu erreichen. Die Kommunikation ist erreicht, wenn die
beim Empfänger erzielte Wirkung der Absicht des Senders entspricht. Im Wechselgespräch ist es üblich, wenn ein Partner auf-
gehört hat zu reden, daß der andere nach kurzer Pause (ca. 1 bis
2 sec) weiterredet. Diese Pause ist ein stabiles Element im Gespräch, sie signalisiert uns: Ich bin fertig und warte auf deine
Rückmeldung (Feedback). Das geschieht unbewußt. Wenn der
andere – entgegen dieser Kommunikationsregel – nicht reagiert,
also nicht zu reden beginnt, entsteht bei uns ein Unbehagen und
eine gewisse Befangenheit. Wir wissen nicht so recht, wie wir uns
verhalten sollen.
Aus Untersuchungen wissen wir, daß viele Kommunikatoren eine
über das normale Maß hinausgehende Pause, z. B. länger als vier
Sekunden, als peinlich empfinden. Um diese als unangenehm
empfundene Situation zu überbrücken, wird weitergeredet. Diese Erkenntnis machen sich einige Verhandlungstaktiker zu Nutzen. Sie verwenden die Gesprächspause als manipulative Technik, um über einen bestimmten Sachverhalt noch mehr Information aus dem anderen herauszuholen. In Preisgesprächen wird
diese Taktik benutzt. Wenn beispielsweise der Verkäufer seine
Preiskonditionen eröffnet hat, bleibt der Käufer gespannt – ruhig.
Da das Preisangebot nicht reflektiert wird, deuten viele Verkäufer
dieses Schweigen als Ablehnung, werden verunsichert und machen unter Umständen weitere Zugeständnisse, weil sie nicht
wissen, woran sie sind.

Abwehr:
Wer selbst im Gespräch so gesteuert werden soll, kann sich

durch Anwenden der Gegenfragetechnik elegant lösen:
»Ich sehe, Sie haben noch Fragen. Was darf ich Ihnen noch vertiefend darlegen?«

24 Argumentations-Egoismen blockieren die Verhandlung

Die unangenehmsten Verhandlungsgegner sind die sogenannten Argumentations-Egoisten, die für eine faire Verhandlung keinen Spielraum lassen. Es ist völlig gleichgültig, was Sie in Ihrer Argumentation bringen oder wie objektiv Ihre Sachargumente auch sein mögen, der Argumentations-Egoist läßt nichts gelten. Er arbeitet mit Formulierungen wie

»Das läuft doch auf nichts anderes hinaus . . .«
»Sie wollen doch nichts anderes sagen . . .«
»Praktisch ist das doch das gleiche wie . . .«
»Sie meinen doch nichts anderes als . . .«
»Genau, das ist doch das, was ich sage . . .«

Mit diesen Phrasen führt er jede noch so begründete Aussage auf seine eigene Behauptung zurück.

Abwehr:
Nicht herumstreiten; am besten Verhandlung abbrechen (sofern es möglich ist!)

25 Man setzt Ideenkiller ein

Der italienische Politiker und Dichter Macchiavelli soll einmal gesagt haben: »Jeder Neuerer hat alle die zu Feinden, die von der alten Ordnung Vorteile haben. Dementsprechend wird vielfach versucht, neue Ideen oder Lösungen zu verhindern.«
Zu den (absichtlich) blockierenden und nicht weiterführenden Verhandlungstaktiken gehören die Ideenkiller, mit denen gute

Ideen oder Lösungsansätze abgewehrt werden sollen. Ein manchmal beliebtes Spiel in Unternehmungen, um den Gesprächspartner zu blockieren.

Killer-Phrasen:

»Das mag für . . . gelten, aber bei uns sind die Verhältnisse ganz anders.«

»Das hört sich ja ganz gut an, aber die Praxis sieht ja wohl anders aus.«

»Das hätten wir schon lange gemacht, aber die Gesetze (Verordnungen, Bindungen, Auflagen, Pflichten, unser Markt) lassen das nicht zu.«

»Wenn Sie etwas mehr von unseren Spezialproblemen verstehen würden, dann würden Sie so etwas gar nicht vorschlagen.«

»Nach meiner 20-(15-, 10-)jährigen Erfahrung ist das nicht durchführbar.«

»Das kann ein Techniker (Kaufmann, Jurist, Nichtfachmann) gar nicht beurteilen.«

»Das haben wir vor 3 (5, 10, 15) Jahren schon einmal probiert, da ist es auch nicht gegangen.«

»So einfach (einseitig, simpel, oberflächlich) kann man das nicht sehen, das Problem ist viel komplexer.«

Abwehr:

– Manchmal schwierig. Hauptsächlich mit der Gegenfragetechnik arbeiten:

»Was spricht eigentlich dagegen?«

»Worin sehen Sie eigentlich die Gefahren?«

»Worauf legen Sie besonderen Wert?«

»Was bedeutet das für Sie eigentlich wirklich?«

26 Definitionen werden gefordert

Im Rahmen von Verhandlungen, Gesprächen, Diskussionen oder auch in strittigen Auseinandersetzungen kommt es immer wieder vor, daß die Gegenseite in für sie selbst kritischer Phase Verwirrung zu stiften sucht, indem sie sich auf Begriffe fixiert und Sie auffordert, diesen Begriff zu definieren. Meistens fehlen dem Gegner Argumente, so daß er sich auf ein Wort kapriziert.

»Sie sprechen immer von sozialer Gerechtigkeit, was heißt das denn? Können Sie das mal definieren?«

Wer sich auf dieses Glatteis führen läßt, begibt sich erheblich in Gefahr. Es gibt wohl kaum etwas schwierigeres, als eine klare saubere Definition. Versuchen Sie mal, den Begriff »soziale Gerechtigkeit« zu definieren. Selbst in stiller Stunde wird es Ihnen nur schwer gelingen, eine Definition zu finden, die nicht angreifbar bzw. interpretierbar wäre. Um wieviel geringer ist die Chance, in der Hitze der Diskussion oder des Gesprächs eine befriedigende Lösung zu finden. Genau das aber ist das Ziel des Gegners, er sucht die Lücke. Während Sie sich bemühen, den Begriff mehr schlecht als recht zu definieren, hakt er an einer schwachen Stelle ein und bringt damit Ihre gesamte Argumentation zu Fall.

Abwehr:
– Wenn jemand von Ihnen Definitionen fordert, verweigern Sie sie ihm. Sagen Sie z. B.: »Ich möchte mich jetzt nicht mit Definitionen auseinandersetzen oder mit Ihnen streiten, sondern den Sachverhalt darlegen.«

27 Es wird besonders »spezialistisch« formuliert

Der Wortschatz und die Worte sind im Grunde genommen das Handwerkszeug des Verhandlungsführenden. Wer mit dem Wort umzugehen versteht, besitzt ein besonderes Machtmittel in der Verhandlung. Unfaire Verhandlungsgegner setzen diese Waffe (sofern sie sie besitzen) gezielt ein, indem sie Sachverhalte besonders spezialistisch darstellen mit dem Ziel, den anderen zu verunsichern oder bloßzustellen, ihn als Fachmann abzuqualifizieren.

Die spezialistische Formulierung dient nicht nur der Verwirrung, sondern soll auch den Gesprächsgegner provozieren, ihn in eine Art von Kommunikationsstreß setzen. Die spezialistische Formulierung, die nicht verstanden wird, löst nämlich folgenden Streßmechanismus beim Menschen aus:

das Mißverständnis	erzeugt	Unsicherheit
die Unsicherheit	erzeugt	Mißtrauen
das Mißtrauen	erzeugt	Angst
die Angst	erzeugt	Verhaltensstrategien
		1. Kampf
		2. Flucht

Der Provokateur hat sein Ziel erreicht, wenn sein Gegner sich stressen läßt, d. h. entweder unsachlich-aggressiv wird oder sich zurückzieht, d. h. die Flucht nach innen oder außen antritt.

Abwehr:
– Lassen Sie sich nicht provozieren, behalten Sie die Ruhe.
– Fordern Sie eine normale Sprache, damit alle etwas verstehen. »Wer seine Sache versteht, kann sie auch allgemeinverständlich darstellen!« Interpretieren Sie: »Herr XY wollte damit zum Ausdruck bringen . . .!« Damit haben Sie die Sympathie der anderen Zuhörer.

28 Begriffen werden andere Inhalte zugemessen

Diese Technik kann man besonders in der politischen und gesellschaftlichen Auseinandersetzung beobachten, wenn nämlich wichtige Begriffe der moralischen und politischen Sprache einfach umdefiniert werden. Die sogenannte »Neue Linke« benutzt diese schwerdurchschaubare, aber manipulative Technik gern. So bedeutet z. B. das Wort »kritisch« lexikalisch und in der Umgangssprache »scharf, genau urteilend, vorsichtig, abwägend«.

Die Neue Linke benutzt den Begriff jedoch in der Bedeutung: zur Gesellschaft in Opposition stehend, systemüberwindend. Da die meisten Menschen das Wort jedoch weiterhin in der ursprünglichen Bedeutung gebrauchen und positiv werten, lassen sie sich dazu verleiten, Programme und Aktionen der »Neuen Linken«, die unter dem Begriff »kritisch« laufen, zu bejahen.

Ähnlich ist es mit den Begriffen Demokratie oder auch der Kernenergie bzw. Kerntechnologie. Eine wesentliche, psychologische Barriere, die die allgemeine Akzeptanz der Kernenergie erschwert, ist die Assoziation Kernkraftwerke – Atombombe. Obwohl ein Kernreaktor aus physikalischen Gründen vom Prinzip her keine explosionsartige Anordnung herstellt, hat sich die Assoziation Kernkraftwerk – Atombombe festgesetzt und wird von den Gegnern auch ständig wachgehalten, indem sie permanent von Atomkraftwerke, Atomtechnologie, Atomstaat, Plutoniumwirtschaft u.a..m. reden. Damit versuchen sie, bei vielen Menschen Angst und Furcht und entsprechende negative Einstellungen zu entwickeln. Eine sachbezogene Diskussion wird dadurch erheblich erschwert bzw. teilweise unmöglich gemacht.

Abwehr:
– Definieren lassen
– Konkretisieren lassen

Tafel 7 a: Regeln für das Abwehren unfairer Angriffe

1 Lassen Sie sich nicht die emotionale Stimmung, die Lautstärke oder den Grad der Unfairneß vom Angreifer aufdrängen.

2 Begeben Sie sich nicht in die Rechtfertigungsposition, hüten Sie sich, Erklärungen abzugeben.

3 Geben Sie keine freien Informationen, lassen Sie den Gegner ausreden.

4 Antworten Sie kurz, klar und präzise.

5 Analysieren Sie die Ursachen des Angriffs, nur so können Sie eine optimale Gegenposition auf- und ausbauen. (Konstruktive – destruktive Konfliktlösung.)

6 Wenden Sie folgende Techniken an
   – wiederholen lassen
   – unpräzise Antworten, an den Angriffen vorbei
   – »Roger-Methode« (fragendes Wiederholen des letzten emotional bedeutenden Wortes).
   – Bitte um Unterstützung
   – Fragetechniken einsetzen (z. B. Gegenfragen)

III Die Diskussion

Die Diskussion stellt mit ihren zahllosen Varianten (öffentliche Diskussion, allgemeine Diskussion, Podiumsdiskussion, Forumsgespräch oder Parlamentsdebatte) und sehr unterschiedlichen Wirkungsabsichten jene Gesprächsform dar, die den meisten Risiken ausgesetzt ist. In der Diskussion (von lat. discutere = zerlegen, auseinanderschlagen), besonders in der öffentlichen, geht es meistens um die Erörterung einer Streitfrage oder eines Problems. Während in einem Gespräch die Teilnehmer nicht vorbereitet sein müssen, erfordert die Diskussion sowohl von den Teilnehmern als auch vom Diskussionsleiter eine gleichermaßen gute Vorbereitung, um auch mit unvorhergesehenen Einwänden und Gegenargumenten fertig zu werden. Sie erfordert neben einem breiten Wissen aber auch Mut und Schlagfertigkeit, da es meistens um Probleme geht, die umstritten sind. Die Diskussion hat somit einen kämpferischen Charakter, die Atmosphäre ist spannungsgeladen. Dies bedeutet, daß sich die Teilnehmer an bestimmte Spielregeln halten müssen, wenn die Diskussion fruchtbar verlaufen soll. Im Grunde genommen wird eine Diskussion um ihres Inhalts wegen geführt. Eine Entscheidung oder eine abschließende Meinung muß nicht unbedingt das Ergebnis einer Diskussion sein.

Im folgenden werden einige Regeln empfohlen, die, wenn sie angewendet werden, die Chance, eine Diskussion erfolgreich zu bestehen, beträchtlich steigern. Die empfohlenen Regeln beziehen sich vorrangig auf die öffentliche Diskussion, bei der es meistens um die Erörterung einer Streitfrage bzw. eines allgemein interessierenden Problems geht. Sie gelten im weitesten Sinne natürlich auch für die anderen Diskussionsformen.

1 Diskussionsregeln für den Teilnehmer

1.1 Bereiten Sie sich gut vor

Das gilt für die Diskussion genauso gut, wie für die geschäftliche Verhandlung, wenn nicht sogar noch mehr. Nichts ist nämlich peinlicher, als in einer Diskussion nach Argumenten suchen zu müssen, um einen Einwand oder Gegenargumente wirkungsvoll behandeln zu können. Die Antwort muß schnell kommen, sie muß stimmen und gut begründet sein. Das allein zwingt schon zu einer guten Vorbereitung. Nur derjenige, der sich vorher sachkundig gemacht hat, nicht nur mit dem behandelten Thema, sondern auch mit deren Randgebieten, wird letztendlich der Überlegenere sein. Es ist irrig anzunehmen, auch wenn man glaubt, redegewandt zu sein, daß man auch über Dinge wirkungsvoll reden kann, von denen man nichts versteht. Unwissenheit kann auf Dauer nicht durch Beredsamkeit übertüncht werden.

1.2 Erkennen Sie den Diskussionsgegner an

Im Abschnitt »Erfolgreiches Behandeln von Einwänden« (I, 12) wurde ausführlich das Positiv-Konzept geschildert (Du bist o. k. – ich bin o. k.), das ohne Einschränkung auch bei der Diskussion gilt. Entscheidend ist die positive Rückkopplung zum Diskussionspartner, d. h., das Signalisieren der Bereitschaft zu akzeptieren, daß der andere ein Recht auf einen Standpunkt hat. Damit stärken Sie das Selbstwertgefühl und das Bedeutungsbedürfnis des Gesprächspartners und vermeiden von vornherein ein mögliches blockierendes Verhalten. Positive Formulierungen, die die Akzeptanz des Diskussionspartners signalisieren, sind
- »Ich möchte Ihnen gern zustimmen, etwas scheint mir aber noch nicht hinreichend geklärt zu sein!«
- »Das ist wirklich interessant, was Sie sagen. Was ist wichtig für Sie dabei?«

- »Sie machen mich neugierig, ich möchte gern mehr darüber wissen!«
- »Dafür habe ich Verständnis!«
- »Das kann ich verstehen!«

Mit solchen Formulierungen geben sie dem Diskussionspartner das »Du-bist-o. k.-Gefühl« und schließen ihn auch für unseren Standpunkt auf. Falls Sie sich in der Diskussion sichtbar durchsetzen, vermitteln Sie dem Diskussionspartner den Eindruck, daß Sie ein Stück weniger erreicht haben, als sie eigentlich wollten. Lassen Sie einen Gedanken folgen, der für den Partner positiv ist (»Sie waren ein harter, aber fairer Diskussionspartner!«). Dadurch vermeiden Sie, daß der Partner sein Gesicht verliert, daß sein Selbstwertgefühl in Gefahr ist.

1.3 Legen Sie nicht als erster Ihren Standpunkt dar

Oft wissen Sie nicht, wie Ihre Diskussionspartner über einen bestimmten Sachverhalt denken, wo die Gemeinsamkeiten bzw. die Unterschiede in den Auffassungen liegen. Bereits in Abschnitt I, 4. wurde versucht darzulegen, daß derjenige, der als erster seinen Standpunkt offenbart, Objekt der Aggression sein kann. Es empfiehlt sich daher, in Diskussionen mit dem Offenlegen des eigenen Standpunktes etwas zurückzuhalten, auch um zu erfahren, wie die anderen denken. Das bedeutet natürlich nicht, daß Sie Ihr Interesse an dem Diskussionsthema so weit verunklaren, daß der Eindruck von Gleichgültigkeit bei den Diskussionspartnern entstehen könnte. Das wäre fatal, weil Sie dann auch Gefahr laufen könnten, in den Augen der anderen keinen Standpunkt zu haben. In der Diskussion sollten Sie schon Flagge zeigen.

Sollten Sie gleich zu Anfang der Diskussion vom Diskussionsleiter gezwungen werden, Ihr Eröffnungs-Statement abzugeben, dann eröffnen Sie kurz und moderat – nie aggressiv.

»Ich werde Ihnen zeigen (beweisen, darlegen,) . . .
Dafür sprechen beispielsweise 1. . . . und 2. . . . !«

Zählen Sie nicht alle Gründe auf, die für Ihren Standpunkt sprechen, behalten Sie noch einige wichtige in der Hinterhand. Wer sein Pulver gleich verschießt, hat am Ende nichts mehr, wenn es um die Entscheidung geht.

1.4 Schildern Sie anschaulich, formulieren Sie kurz – Sprechen sie nur zur Sache

Menschen sind Augentiere, sind Erlebniswesen. Sie leben in einer konkreten Welt und haben daher auch konkrete Vorstellungen von dieser Welt. Ihr ganzes Denken und Fühlen sind mit diesen Vorstellungen verknüpft. Sprechen Sie daher die Sinne und die Erlebniswelt Ihrer Diskussionspartner und Zuhörer an, damit erleichtern Sie ihnen das Verständnis, wecken das Interesse und machen die Diskussion lebendig. Menschen lehnen alles Abstrakte ab und lieben alles, was sie sich anschaulich vorstellen können. Die lebendige, anschauliche Darstellung erleichtert das Mitdenken und Miterleben. Reißende Flüsse, ein Dunghaufen, donnernder Applaus, leeres Stroh dreschen – das sind Formulierungen, die die Sinne und Vorstellungswelt ansprechen. Jeder Mensch freut sich, wenn ihm so das Zuhören und Begreifen erleichtert wird. Bringen Sie auch Beispiele, sie veranschaulichen, sie erzwingen geradezu Assoziationen. Durch die richtige Auswahl müssen Sie dafür sorgen, daß es die richtigen Assoziationen sind.

Achten Sie als Diskussionsredner darauf, daß Sie sich inhaltlich Selbstbescheidung auferlegen. Jede Abschweifung lenkt nur von der Hauptsache ab und vermindert so die vorgetragenen Argumente. Sprechen Sie daher nur zur Sache und nicht zu Nebensächlichkeiten.

1.5 Vermeiden Sie extreme Formulierungen und aggressive Fragen

Wenn Menschen miteinander reden, ist es das natürlichste auf der Welt, daß nicht alle sofort einer Meinung sein müssen. Aus einer sachlichen Meinungsverschiedenheit eine persönliche Spannung aufzubauen ist wenig sinnvoll und noch weniger erfolgversprechend. Denken Sie nur an das Bedeutungsbedürfnis, das jeder Mensch hat. Verletzen Sie ihn also nicht durch extreme Formulierungen oder aggressive Fragen, die ihn in die Ecke drängen sollen. Vermeiden Sie ein offenes Streitgespräch, es bleibt immer ein übler Nachgeschmack zurück. Schlagen Sie auch bei sachlich scharfem Widerspruch des Diskussionspartners nicht gleich zurück, sondern versuchen Sie immer, von etwas Gemeinsamem auszugehen.
Vermeiden Sie Formulierungen wie:
»Sie haben mich wohl nicht verstanden . . .«
»Sehen Sie das doch endlich ein . . .«
»Sie müssen mir doch zugeben . . .«
»Da irren Sie sich aber gewaltig . . .«
»Sie haben doch überhaupt nichts verstanden . . .«
»Wer sagt das denn?«
»Wo können Sie schon die Erfahrung gemacht haben?«

Lassen Sie sich ebenfalls durch solche Formulierungen nicht provozieren. Bewahren Sie die Ruhe. Erregung verhindert ruhiges und überlegtes Denken.

1.6 Akzeptieren Sie den Leiter der Diskussion

Als Diskussionsteilnehmer sollten Sie es peinlichst vermeiden, den Leiter der Diskussion direkt anzugreifen oder seine Rolle als Leiter in Frage zu stellen. Das wirkt besserwisserisch, arrogant und wird von Dritten abgelehnt.
Sprechen Sie nur, wenn Sie vom Leiter dazu aufgefordert wer-

den. Stellt er Fragen, antworten Sie kurz, klar und präzise. Mäkeln
Sie nicht an der Führung des Diskussionsleiters herum. Überlas-
sen Sie Anträge und Diskussionen zu Verfahrens- oder Füh-
rungsfragen nach Möglichkeit anderen.

1.7 Beachten Sie die Drittwirkung

In vielen öffentlichen Diskussionen vergessen viele Diskussionsredner, daß es nicht nur um den sachlichen Inhalt von Diskus-
sionsaussagen geht, sondern ganz besonders auch um den
emotionellen Anteil, d. h. wie Dritte diese Aussage empfangen.
Es kommt häufig gar nicht darauf an, was man sagt, sondern wie
man es sagt. Achten Sie daher darauf, daß alles, was Sie sagen
»sympathisch« bleibt, also nicht verletzend oder arrogant wirkt,
das lehnen die Zuhörer ab. Zeigen Sie sich als Mensch, geben Sie
auch zu, wo Sie sich geirrt haben, haben Sie den Mut zur Schwäche. Der überlegene (und manchmal überhebliche) Sieger gewinnt nicht immer die Sympathien. Manchmal ist es viel klüger, in
einer Nebensache zu verlieren, um in der Hauptsache zu gewinnen.

1.8 Sparen Sie mit Gestik und Mimik

Zu starke Gestik und Mimik kann bei anderen Menschen häufig
auf ungezügeltes Temperament, Unsicherheit, Erregtheit oder
Aggressivität zurückgeführt werden. Das wirkt überzeugungs-
mindernd.
Seien Sie daher sparsam mit Ihrer Gestik und Mimik. Ruhiges und
präzises Sprechen sollte hin und wieder mit sparsamen und ge-
lassenen Gesten untermalt werden, das strahlt Sicherheit aus.
Vermeiden Sie ruckartige Bewegungen und zeigen Sie keine Zeichen von Ungeduld oder Langeweile.
Schauen Sie mit freundlichem und offenem Gesicht die anderen
Teilnehmer an, vermeiden Sie unstetes Umherblicken sowie
übertriebenes Unmuts- oder Zustimmungsmienenspiel.

1.9 Bleiben Sie stets fair – Werden Sie nie heftig, nie persönlich

Im Widerstreit der Standpunkte kann es sehr leicht passieren, daß der sachliche Standpunkt verlassen wird und die Diskussionsteilnehmer polemisch werden. Lassen Sie sich darauf nicht ein. Sagen Sie nichts Negatives über Ihre Diskussionspartner, kritisieren Sie sie nie persönlich, reden Sie zur Sache. Vermeiden Sie den direkten Widerspruch (»Das ist nicht richtig, was Sie sagen.«), Sie fordern Ihren Diskussionspartner dadurch geradezu zu Jetzt-erst-recht-Reaktionen heraus. Auch wenn der andere Unrecht hat, wird er es kaum in einer öffentlichen Diskussion zugeben, weil er vermutlich Angst vor Gesichtsverlust hat. Zeigen Sie vielmehr Verständnis für die Einstellungen, die Meinungen, die Einwände oder die Argumente des anderen und entkräften Sie sie erst dann Schritt für Schritt. Wer statt Schärfe Bereitschaft zu Zugeständnissen und zur Verständigung zeigt, wird normalerweise auch vom anderen Entgegenkommen erwarten dürfen.

Wer sich provozieren läßt und sich ent-rüstet, verliert schnell die Übersicht. Bewahren Sie besonders bei öffentlichen Diskussionen die Ruhe. Reagieren Sie bewußt langsam in Sprache und Gestik. Zeigen Sie nicht Ihre Gefühle, lassen Sie sich nicht von Ihrer Stimmung zu unbedachten und ungewollten Reaktionen, Äußerungen oder Fragen hinreißen. Sollten Sie emotional zu stark erregt sein, verzichten Sie lieber auf eine Antwort oder Wortmeldung.

1.10 Halten Sie sich gegen Ende der Diskussion zurück – Sie bekommen dann eher als letzter das Wort

Was die Diskussionsteilnehmer und/oder Dritte von der Diskussion behalten, unterliegt, über die ganze Diskussionsdauer hinweggesehen, starken Schwankungen. Sichere Erkenntnis aus

Tafel 8 Regeln für Diskussionsteilnehmer

Bereiten Sie sich gut vor.

Erkennen Sie Ihre Diskussionspartner an.

Legen Sie nicht als erster Ihren Standpunkt dar.

Schildern Sie anschaulich – formulieren Sie kurz.

Sprechen Sie zur Sache, nicht zu Nebensächlichkeiten.

Vermeiden Sie extreme Formulierungen und aggressive Fragen.

Akzeptieren Sie den Diskussionsleiter.

Beachten Sie die Drittwirkung.

Sparen Sie mit Gestik und Mimik.

Bleiben Sie stets fair.

Werden Sie nie heftig, nie persönlich.

Halten Sie sich gegen Ende der Diskussion zurück, versuchen Sie das letzte Wort zu bekommen.

---

der Pädagogik ist, daß das, was am Anfang und am Ende eines Vortrages oder einer Diskussion gesagt wird, am längsten haften bleibt. Am Beginn einer Diskussion sind alle Beteiligten in gespannter Aufmerksamkeit, die Diskussionsbeiträge mobilisieren die Gedanken aller, sie denken mit. Vergleich und Verknüpfungen des Gehörten mit dem eigenen Wissen beanspruchen einen nicht unerheblichen Teil der Bewußtseinskapazität. Die Aufmerksamkeit nimmt dadurch ab. Man hört nur noch mit halbem Ohr hin.

Die auf den ersten Blick verblüffende Tatsache, daß die Menschen am Ende wieder mehr behalten, kommt daher, daß die letzten Gedanken nicht mehr durch nachfolgende Informationen überlagert werden. Diesen Effekt machen sich geschickte Diskussionsredner zunutze. Sie versuchen, als letzter das Wort zu bekommen, um der Diskussion den I-Punkt aufzusetzen. Da sie sich aus taktischen Gründen in dem Diskussionsverlauf zurückgehalten haben, stehen die Chancen gut, vom Diskussionsleiter auch das Wort zu erhalten bzw. zu fordern, falls dieser es nicht von sich aus anbietet.

2 Regeln für den Diskussionsleiter

Niemand wird sicherlich als Diskussionsleiter geboren, egal wie groß die Unterschiede in den natürlichen Begabungen auch sind. Gesunder Menschenverstand, Wortgewandtheit, Erfahrung oder Kontaktfreudigkeit allein reichen nicht aus, um Diskussionen erfolgreich zu leiten. Besonders die Diskussion erfordert vom Diskussionsleiter einen ständigen Rollenwechsel je nach Art und den Phasen der Diskussion. Der Diskussionsverlauf und das -ergebnis stehen und fallen mit der Persönlichkeit, dem Einfühlungsvermögen und den organisatorischen Fähigkeiten (thematisch, personell, technisch, sachlich) des Diskussionsleiters. Er ist nicht Mittelpunkt der Diskussion – der Mittelpunkt ist das Diskussionsthema und das Diskussionsziel. Das Diskussionsergebnis wird durch die Gruppe erbracht, nicht durch die eigenen Beiträge des Diskussionsleiters. Er sollte es nach Möglichkeit überhaupt vermeiden, Beiträge zur Sache zu bringen und sich durchsetzen zu wollen. Vor allem sollte sich der Diskussionsleiter hüten, die Qualität eines Beitrages oder Statements zu bewerten. Man erwartet von ihm, daß er sich neutral verhält. Es reicht, wenn er von Zeit zu Zeit die geäußerten Meinungen zusammenfaßt und ggf. gegenüberstellt. Bei unklaren Statements kann er um Konkretisierung bitten oder aber auch, was viel wichtiger für das Diskussionsklima ist, die bisher gefundenen Gemeinsamkeiten herausstellen. Seine Mehrfachrolle in der Diskussion ist einerseits die des engagierten Teilnehmers und andererseits wirkt er aus der Beobachtungsdistanz. Somit hat er eine große Anzahl von Aufgaben zu erfüllen, die ja nach Problem und Zusammensetzung der Diskussionsrunde unterschiedliche Bedeutung haben. Übergreifend können nachstehende Regeln und Empfehlungen die Leitung einer Diskussion wesentlich erleichtern.

2.1 Bereiten Sie die Diskussion gut vor

Sie sind als Diskussionsleiter hauptverantwortlich für das Gelingen der Diskussion. Eine Diskussion ohne thematische, personelle und technisch-sachliche Vorbereitung ist ein zielloser »Debattier-Club«. Machen Sie sich vor allem sachkundig. Versuchen Sie komplexe Probleme in Teilthemen zu untergliedern, damit nicht der rote Faden verloren geht. Das Ausplittern in Teilthemen wirkt straffend und führt zu einer besseren Strukturierung des Diskussionsverlaufs. Die Diskussion wird gründlicher, weil sie sich auf ein bestimmtes Feld beschränkt.
Laden Sie rechtzeitig kompetente Teilnehmer ein und sorgen Sie für die richtigen Rahmenbedingungen (Raum, technische Hilfsmittel, Informationsmaterial, Erfrischungen).

2.2 Machen Sie die Diskussion interessant für die Teilnehmer und Zuhörer

In der Eröffnungsphase der Diskussion fällt Ihnen als Diskussionsleiter die Aufgabe zu, die Teilnehmer und ggf. die Zuhörer und Zuseher positiv einzustimmen. Sie müssen nicht nur eine offene Atmosphäre der Gesprächsbereitschaft erzeugen, sondern auch deutlich machen, welche Bedeutung das Thema für die Zuhörer hat und was erreicht werden soll (Ziel – nicht Ergebnis selbstverständlich!).

2.3 Formulieren Sie die erste Frage, wenn die Diskussion nicht in Gang kommt

Die Praktiker wissen, daß es häufig problematisch ist, eine Diskussion in Gang zu bringen. Es gibt sicher eine Vielzahl von Gründen wie z. B. Unsicherheit durch die neue Gruppe, unklare Themenstellung, mangelndes Wissen, ungeeignete Gruppe (nicht am Thema interessiert) u. a. m. Diese Situation kann tödlich sein, wenn Sie als Diskussionsleiter nicht von sich aus Aktivitäten entfalten. Sie können diese Klippe umschiffen, indem Sie
- Fragen nach Beispielen oder persönlichen Erfahrungen stellen,
- provokative Fragen in Form von These und Antithese formulieren,
- die einleitende Frage mit anderen Worten wiederholen,
- Beispiele aus der täglichen Praxis der Diskussionsteilnehmer bringen, verknüpft mit der »W-Frage«,
- die Atmosphäre lockern mit einer Anekdote, die zum Thema gehört.

2.4 Aktivieren Sie die Teilnehmer durch Fragen

Selbst, wenn die Diskussion gut in Gang gekommen ist, kann es passieren, daß Sie nur schleppend verläuft, weil die Teilnehmer nicht bei der Sache sind oder nicht richtig mitarbeiten. Die Ursachen können z. B. in der schlechten Vorbereitung, in der mangelnden Information oder auch in der fehlenden Motivation liegen. Wenn Sie vor einer solchen Situation stehen, können Sie
- mehrere Teilnehmer direkt mit Namen ansprechen (auf Blickkontakt achten) und eine Frage formulieren mit »Warum?«,

»Was spricht dafür?«, »Was spricht dagegen«, »Was hilft uns weiter?«,
- nach Beispielen aus der Praxis fragen,
- um erweiternde Ausführungen bitten,
- Teilnehmer um Gegenargumente bitten (Contra-Position einnehmen lassen),
- selbst einen Lösungsvorschlag zur Diskussion stellen (Vorsicht! Sie können angreifbar werden und die Autorität als Diskussionsleiter in Frage stellen).

Werden Sie auf keinen Fall ungeduldig, sonst besteht die Gefahr, daß die Gruppe noch stärker ein blockierendes Verhalten zeigt. Hüten Sie sich vor einem Rückfall in Ihre Vorgesetztenrolle. Sie verhalten sich dann leicht offizieller, reden selbst mehr, werden ungeduldig und lassen sich vielleicht auf Einzeldiskussionen ein und urteilen vom Podest herab. Das nimmt Ihnen jede Gruppe übel!

2.5 Fördern Sie die Interaktion

Schwierige Situationen in der Diskussion und schwer zu behandelnde Diskussionsteilnehmer, die die Interaktion, die Zusammenarbeit, erschweren wird es immer wieder geben, das kann man nicht verhindern. Was Sie als Diskussionsleiter jedoch erreichen können, ist das Entstehen von Schwierigkeiten zu mindern und das Ausmaß so gering wie möglich zu halten, wenn Ihre Objektivität und Integrität, Ihre natürliche Autorität zum Ausdruck kommt. Von Ihnen als Diskussionsleiter wird der Verlauf hauptsächlich bestimmt. Sie sollten schon in der Eröffnungsphase bei den ersten Worten das Gefühl der Sicherheit vermitteln. Diese Sicherheit darf jedoch nicht zur Autokratie führen, die Achtung vor jedem Teilnehmer und die Gleichbehandlung jedes Teilnehmers muß spürbar bleiben. Machen Sie deutlich und zeigen Sie, daß Sie
- die Interaktion fördern wollen,

- das Wir-Gefühl stärken,
- bestätigen, wo es angebracht ist,
- die Fortführung der Gedanken fördern,
- jedem das Wort erteilen, damit er seine Meinung sagen kann,
- jeden in Schutz nehmen vor unberechtigten Angriffen u.ä.m.

Wenn Sie diese kooperierende Grundhaltung realisieren, wird man Ihnen gern und bereitwillig die Führung zugestehen und sich Ihnen freiwillig und uneingeschränkt unterstellen.

2.6 Greifen Sie ein beim Abschweifen vom Thema oder bei persönlichen Angriffen

Der ernsthafte und gut vorbereitete Diskussionsteilnehmer ist leider nicht immer eine Selbstverständlichkeit. Dem einen fehlt es an Begabung, dem anderen an Übung. Ganz unangenehm sind die Diskussionsschwätzer, denen es nicht um das Thema oder die Sache geht, sondern um die Selbstdarstellung. Besonders ärgerlich ist es, wenn er immer wieder mit den gleichen Argumenten operiert und versucht, die Diskussion an sich zu reißen, um sein Steckenpferd zu reiten, das mit dem Thema nicht unbedingt etwas zu tun haben muß. Manchmal ist dieser Redselige sich gar nicht bewußt, wie sehr er den Diskussionsverlauf stört. Als Diskussionsleiter müssen Sie dem im Interesse der anderen Teilnehmer und der Diskussion Einhalt gebieten (»Ihre Ausführungen waren so umfangreich, daß die Gefahr besteht, nicht alles gebührend verarbeiten zu können. – Ich muß Sie deshalb einmal unterbrechen!«).

Sie können ihn auch mit einer Frage zum Thema zurückführen (»Was konkret sollen wir zum Thema selbst zusammenfassend festhalten?«) oder ihn ermahnen, beim Thema zu bleiben (»Wie können wir Ihre Ausführungen unserem Thema zuordnen?«). Wenn alles nichts hilft, entziehen Sie ihm das Wort, ohne ihn jedoch zu verletzen oder vor den anderen bloßzustellen. Begrenzen Sie ggf. die Redezeit (»Wenn wir die Historie weglassen und auch Rechtfertigungsbemühen, bin ich sicher, daß wir mit einer Zeit von max. 4 Minuten je Beitrag auskommen müßten!«).

Bei Beiträgen, die nicht direkt zum Diskussionsthema gehören, müssen Sie prüfen, ob der Beitrag nicht doch in irgendeiner Beziehung zum Thema gehören könnte. Prüfen Sie auch die Reaktionen der übrigen Teilnehmer, ob nicht Anzeichen von Interesse vorhanden sind. Hören Sie in jedem Fall erst einmal ruhig für kurze Zeit zu. Fragen Sie z. B. sehr taktvoll, wie Sie den Beitrag zum Diskussionsthema zuordnen sollen. Bedanken Sie sich für den interessanten Beitrag und schreiben Sie den Grundgedanken am besten für jeden sichtbar auf.
Sollten Zwiegespräche auftreten, geben Sie die Fragen oder die unterschiedlichen Standpunkte an die Diskussionsrunde weiter, um zu verhindern, daß zwischen den Dialogpartnern Spannungen entstehen; beide Standpunkte sind nun deutlich geworden. (»Was sagen die anderen dazu?«).

Bei persönlichen Angriffen der Teilnehmer untereinander müssen Sie unbedingt eingreifen. Versuchen Sie, die Situation mit Humor zu entschärfen oder zu versachlichen (»Darf ich hier einmal unterbrechen! Wo stehen wir eigentlich? Wir haben doch bisher gemeinsam folgendes herausgearbeitet: Erstens . . . zweitens . . .!«).

2.7 Präzisieren Sie unklare Äußerungen

Viele Diskussionsbeiträge zeichnen sich dadurch aus, daß sie zu langatmig, unsystematisch und manchmal unklar und verwirrend sind. Ein Dichterwort lautet: »Die Kunst zu langweilen besteht darin, alles zu sagen.« Sie haben die Aufgabe, diese Beiträge zu besserem Verständnis klarzustellen, damit der Grundgedanke der Äußerungen nicht verwaschen wird oder verloren geht. Formulierungen wie z. B.

»Wenn ich Sie richtig verstanden habe, meinen Sie . . .«
»Auf der einen Seite wollen Sie . . . auf der anderen Seite . . .«

zwingen den Diskussionsteilnehmer zu einer bejahenden oder korrigierenden Antwort. Das gilt auch für die sog. Expertenrunde, d. h., wenn die Teilnehmer zu spezialistisch sprechen. Versuchen Sie, zu spezialistische Beiträge empfängerorientiert umzuformulieren.

In Diskussionen kommt es immer wieder vor, daß sog. »dumme« Fragen gestellt werden, die bei den anderen Teilnehmern zu schadenfrohen Heiterkeitsausbrüchen führen. Ihre Aufgabe ist es, den Frager zu schützen. Formulieren Sie seine Frage neu und beantworten Sie sie (»Herr XY, hinter Ihrer Frage steht doch . . . Ich finde das ganz wichtig.«).
Wenn die Gruppe auch lacht, so hat im Grunde genommen jeder Angst, daß es ihm auch so gehen könnte. Durch ihr schützendes Verhalten machen Sie allen wieder Mut, auch mal unkonventionelle Beiträge oder Ideen zu bringen.

2.8 Beachten Sie die Drittwirkung

Besonders in der öffentlichen Diskussion und in der Podiumsdiskussion stehen sie als Leiter der Diskussion in exponierter Position. Lassen Sie sich durch nichts aus der Ruhe bringen. Werden Sie nie hektisch – das überträgt sich auf die Teilnehmer der Diskussionsrunde und ist in der Drittwirkung negativ. Formulieren Sie die Fragen so, daß sie auch »Nichtexperten« verstehen können, das bringt Ihnen die Sympathie der Zuhörer. Urteilen Sie nicht über Sieg oder Niederlage eines Standpunktes, das tun die anderen schon von selbst.

2.9 Vermeiden Sie, Partei zu werden

Ob ein Diskussionsleiter selbst seine Meinung einbringen soll oder auch nicht, wird von der Situation, der Diskussionsform und dem Diskussionsverlauf abhängig sein.

Wir unterscheiden am besten wie folgt:
1. Der Diskussionsleiter ist normalerweise die unparteiische, neutrale Person, die die Fäden in der Hand hält. Er steuert durch Fragen, Weiterleitung von Fragen, bewertet, urteilt und behauptet nicht. Er setzt nicht seine Meinung durch, kann das Wort erteilen und nehmen und faßt im Schlußwort die Diskussion zusammen (z. B. in der öffentlichen Diskussion).
2. Der Leiter nimmt gleichberechtigt am Gespräch teil, hat aber gleichzeitig die Vorsitzenden-Funktion. Er darf seine Meinung äußern und nimmt auf den inhaltlichen Verlauf der Diskussion Einfluß. Diese Form der Diskussionsleitung finden wir häufig bei Podiumsdiskussionen, betrieblichen Besprechungen oder allgemein nicht formell geleiteten Diskussionen.

Die Diskussionsleitung nach 1., in der non-direktiv gesteuert und bei der nicht zu tief eingegriffen wird, scheint für die meisten Diskussionen (vor allem, wenn sie konträr geführt werden) die erfolgreichere zu sein. Ihre Leistung als Diskussionsleiter liegt eben darin, daß Sie vermeiden, Partei zu sein, indem Sie mehr fragen als aussagen und ihren Redeanteil gering halten.

2.10 Fassen Sie am Ende der Diskussion zusammen – Zeigen Sie Versöhnlichkeit

Als Diskussionsleiter bestimmen Sie das Ende der Diskussion und treffen die Entscheidung über die noch zu hörenden Teilnehmer, wenn die Gesamtzeit überschritten werden sollte. Wenn Sie die Diskussion beenden, sprechen und sehen Sie alle freundlich

Tafel 9 Regeln für den Diskussionsleiter

Bereiten Sie die Diskussion gut vor.

Machen Sie es interessant für die Teilnehmer und Zuhörer.

Formulieren Sie die erste Frage, wenn die Diskussion nicht in Gang kommt.

Aktivieren Sie die Teilnehmer durch Fragen.

Fördern Sie die Interaktion.

Greifen Sie ein beim Abschweifen vom Thema.

Verhindern Sie persönliche Angriffe.

Präzisieren Sie unklare Beiträge.

Beachten Sie die Drittwirkung.

Vermeiden Sie, Partei zu werden.

Fassen Sie zusammen – zeigen Sie Versöhnlichkeit.

---

an, um dadurch eine positive Atmosphäre zu schaffen. Danken Sie für das Mitmachen mit einfachen, natürlichen Worten (»Ich danke Ihnen für die aktive Teilnahme!«) Fassen Sie die Teilergebnisse – die möglichst auf Flip-chart, Metaplan-Wänden o. ä. geschrieben sein sollten – zu einem Gesamtergebnis zusammen. Formulieren Sie kurz, klar und präzise, das bleibt am längsten haften. Betonen Sie besonders die Gemeinsamkeiten. Zeigen Sie, besonders bei konträr geführten Diskussionen, Versöhnlichkeit nach allen Seiten.

(»Wir haben gemeinsam 1. ..., 2. ... und 3. ... erarbeitet. Wenn wir auch in Einzelheiten unterschiedliche Auffassungen hatten, so sind wir uns aber im Ziel einig.«)

Nie mit einer Diskussion die Diskussion beenden, sonst wird alles wieder zerredet!

IV   Das Interview

Eine Gesprächsform, die für Führungskräfte aller Branchen und Ebenen eine besondere Bedeutung in den letzten Jahren gewonnen hat, ist das Interview. Viele Führungskräfte müssen aufgrund ihrer Funktion in zunehmendem Maße gegenüber der Öffentlichkeit zu aktuellen Firmenproblemen oder gesellschaftspolitischen Fragen kompetent Stellung beziehen. Im Interview sind sie meistens auf sich selbst gestellt und können nur in den seltensten Fällen auf wohl vorbereitete Erklärungen der Presseabteilungen zurückgreifen. Um so wichtiger ist es für Führungskräfte, die »Spielregeln« des Interviews zu beherrschen, um auch in kritischen Situationen souverän und überzeugend zu wirken. Nachfolgend sind einige »Spielregeln« zusammengestellt, die Sie beherrschen sollten, wenn Sie von Presse, Funk oder Fernsehen interviewt werden.

1   Vorgehensweise der Interviewer

Normalerweise wird beim Interview die Dreigliederung Einleitung – Hauptteil – Schluß eingehalten. In der Einleitungsphase wird von dem aktuellen Ereignis ausgegangen. Im Hauptteil wird das zur Debatte stehende Problem von mehreren Seiten beleuchtet, und im Schlußteil bezieht sich der Interviewer oft auf eine persönliche Stellungnahme des Befragten. Manchmal wird das Interview auch mit einer Frage abgeschlossen, die nicht unbedingt etwas mit dem anstehenden Problem zu tun hat.
Um möglichst kompetente und umfassende Informationen zu bekommen und das Interview fest in der Hand zu halten, bedienen sich die Interviewer einer ganz bestimmten, interviewbezogenen Fragetechnik:

1.1 Informationsfragen

Es sind dies die sogenannten »W-Fragen« (wer, was, wann, wie, wo, warum), die auf die Beantwortung eines konkreten Problems zielen. Sie können in der Regel nicht mit Ja oder Nein beantwortet werden (siehe auch Abschnitt I. 5.1). Besonders gern wird die Frage nach dem »Warum?« gestellt, weil der Interviewte damit in die Verteidigungs- bzw. Rechtfertigungsposition geschoben wird und meistens zusätzliche Informationen von sich gibt, in die der Interviewer dann einhaken kann. Das muß nicht unbedingt unlauteren Zielen dienen, sondern kann vielmehr das Bedürfnis nach noch umfangreicherer Information sein.

1.2 Alternativfragen

Mit dieser Technik versuchen häufig Interviewer, den Befragten zu steuern, indem sie das behandelte Problem so einengen, daß im Grunde genommen dem Befragten nur noch die Wahl zwischen zwei Möglichkeiten bleibt. Meistens wird das so geschickt formuliert, daß eine der beiden Alternativen im Vergleich zur anderen deutlich verlockender aussieht. So wird beispielsweise manchmal ein unfairer Angriff vorausgeschickt und dann sofort eine interessante und vom Interviewten gern beantwortete Frage gestellt. Der Befragte ist meistens froh, daß der Interviewer nicht beim ersten ihm persönlich unangenehmen Thema verharrt, und beantwortet bereitwillig die gestellte Frage. Der Interviewte läuft hier Gefahr, daß der Zuschauer oder Zuhörer annimmt, daß die unfair unterstellten Inhalte den Tatsachen entsprechen.

1.3 Suggestivfragen

Mit der Suggestivfrage versucht der Interviewer, den Gesprächspartner zur unmittelbaren Anerkennung der geäußerten Meinung zu veranlassen, d. h., die Beantwortung in den Mund zu legen. Die suggestive Wirkung wird durch die Anwendung von

Wörtern wie »bestimmt«, »doch«, »sicher«, »nicht wahr« erzielt (»Sie sind doch sicher auch dafür, daß wir . . .«). Diese Technik liegt an der Grenze der Unfairneß.

1.4 Tote Fragen

Das sind Aussagen, die ein Problem ansprechen und wie eine Frage wirken, dennoch keine Fragen sind (»Das hat doch sogar Ihr Verband/Vorstand/Aufsichtsrat ausdrücklich erklärt«). Diese Technik kann ganz besonders bei leicht erregbaren Menschen zu ungeahnten emotionalen Äußerungen oder Erregungszuständen führen.

Die beschriebenen Vorgehensweisen (Einleitung, Hauptteil, Schluß) und Fragetechniken kann man fast in jedem Interview wiederfinden. Als Beispiel soll ein Rundfunk-Interview des NDR vom 14.5.1981 herangezogen werden.

Herbert Fricke, NDR, im Gespräch mit Herrn Dr. Oberlack.

Die Hamburgischen Electricitäts-Werke gehen nach Übersee. Die HEW beteiligen sich an fünf Kohlengruben in den USA. Zu diesem Engagement in den Vereinigten Staaten befragte Herbert Fricke den Vorstandssprecher Hans Werner Oberlack.

H. F.:   Aufsehenerregende Meldungen von den HEW. Die HEW haben sich mit 35 Millionen Dollar an fünf amerikanischen Kohlegruben in Westvirginia und Pennsylvania beteiligt. Warum denn dieses Engagement in Übersee, Herr Dr. Oberlack?

Dr. O.:   Wir wissen, daß wir in Zukunft noch mehr Kohle verbrauchen müssen, als bisher. Das hängt einmal mit der vorgesehenen Fernwärmeentwicklung zusammen, zum anderen stellen wir gerade im Hafen-Kraftwerk einen Ölblock auf Kohle um, so daß unser Kohlebedarf weiter steigen wird. Wir haben unsere Kohle eigentlich immer aus verschiedenen Ländern, überseeischen Ländern, bekommen, und im Moment ist es so, daß ein großer Run auf Kohle eingesetzt hat, und in diesem Zusammenhang hat es sich als richtig erwiesen, einen Teil unserer internationalen Kohleversorgung durch eine Kapitalbeteiligung langfristig abzusichern.

H. F.:   Und warum ausgerechnet in Amerika? Es gibt ja andere namhafte Kohleförderländer. Ich nenne mal Kolumbien, China, England.

Dr. O.:   Amerika gilt weltweit als das maßgebliche von der Qualität auch günstige Kohlenförderungsland, außerdem liegt uns Amerika natürlich von unserem Wirtschaftssystem her näher, und darüber hinaus beziehen wir schon seit 30 Jahren aus den USA Kohle, so daß wir dort eine sehr gute, vertrauensvolle Zusammenarbeit aufbauen konnten.

H. F.:   Sicher spielt auch die politische Sicherheit eine Rolle? Sie beziehen ja in großen Mengen auch Kohle aus Polen oder bezogen sie von dort, und jetzt läßt der Nachschub von dort nach.

Dr. O.:   Ja, unter anderem spielt natürlich auch das Moment der Sicherheit der Versorgung eine Rolle, und wir glauben mit anderen Kohleimporteuren, daß Amerika zu den Ländern gehört, wo noch eine relativ hohe Versorgungssicherheit besteht und für die Zukunft erwartet werden kann.

H. F.:   Sorgt denn diese Kohlebeteiligung der HEW in Amerika auch für eine Preisstabilität beim Strom?

Dr. O.: Sie trägt in gewissem Umfang dazu bei, weil wir durch diese Beteiligung natürlich auch eine Kontrolle und einen Zugriff auf die Kosten haben und damit in gewissem Umfang sicherstellen können, daß bei steigenden Weltmarktpreisen diese Versorgungsquelle kostengünstig bleibt.

H. F.: Kann man es so sagen, daß sich die HEW auf mehrere Beine stellen? Die HEW waren in den letzten Monaten immer im Gespräch im Zusammenhang mit Atomenergie und Brokdorf, jetzt hört man davon, daß morgen der erste Spatenstich der Anlage GROWIAN, der großen Windanlage bei Marne in Schleswig-Holstein, sein soll. Sie beteiligen sich finanziell an Kohlegruben in Amerika. Also Sie setzen da auf Diversifikation.

Dr. O.: Das ist richtig, aber Kohle wird wie in der Vergangenheit so auch in Zukunft eigentlich immer ein ganz bedeutender Faktor unserer Stromerzeugung bleiben und daher ist es sicherlich auch richtig, daß wir auf dem Gebiete uns durch solche Versorgungssicherungen betätigen.

H. F.: Warum kaufen Sie nicht mehr deutsche Kohle aus dem Ruhrgebiet?

Dr. O.: Wir haben im Rahmen des neuen Vertrages mit der deutschen Kohle unsere Mengen aufgestockt. Aber es besteht unter den Fachleuten einhellige Meinung, daß wir in Zukunft mehr und mehr Importkohle brauchen, und infolgedessen sind wir hier aus unserer traditionellen Küstenlage doch geeignet, in starkem Umfang uns auf Importkohle abzustützen.

H. F.: Und der Preis spielt wohl auch eine Rolle. Sie bezahlen für Importkohle 170 DM rund pro Tonne, für deutsche Kohle aber 270 DM.

Dr. O.: Ja, dank der Tatsache, daß wir unsere Kraftwerke wegen unserer Importorientierung im wesentlichen an seeschifftiefem Wasser haben, genießen wir einmal Transportkostenvorteile, zum anderen ist die ausländische Kohle, darunter auch gerade die amerikanische Kohle, wegen ihrer günstigen geologischen Lage, aber auch aus sonstigen Kostengründen eben preiswerter als die deutsche Kohle, hier bei uns an der Küste.

H. F.: Rund 50% des Gesamtbrennstoffverbrauchs der HEW besteht aus Kohle. Das Öl geht weiter zurück.

Dr. O.: Der Ölanteil ist schon sehr niedrig und soweit möglich reduzieren wir ihn weiter.

H. F.: Trotz dieser Diversifikation wird Brokdorf gebaut?

Dr. O.: Unser amerikanisches Kohlenengagement ist unabhängig von der Entwicklung von Brokdorf, denn wir brauchen alle Formen der Energieversorgung, und Brokdorf gehört genauso wie die Kohle in unser langfristiges Versorgungskonzept.

H. F.: Brokdorf wird mit Beteiligung der HEW gebaut.

Dr. O.: Nach wie vor.

In der Einleitung stellte der Interviewer den Befragten kurz vor und fragte nach den Gründen (Warum?), die die HEW veranlaßt haben, sich an den Kohlegruben in den USA zu beteiligen.

Nach der Antwort folgt eine weitere Informationsfrage verknüpft mit einer toten Frage (»Es gibt ja andere namhafte Förderländer.). Die nächste Frage des Reporters ist eine Unterstellungsfrage mit suggestiver Wirkung (Sicher spielt auch die politische Sicherheit eine Rolle?«), die dem Befragten die Möglichkeit gibt, seinen Standpunkt darzulegen. Ähnliches gilt auch für die folgende Frage (»Sorgt denn diese Kohlebeteiligung . . . für eine Preisstabiltät beim Strom?«).

Weitere Informationsfragen dienen letztendlich dazu, soviel wie möglich von dem Befragten zu erfahren und seinen Standpunkt deutlich werden zu lassen.

In der Schlußphase des Interviews versucht der Reporter, außerdem durch tote Fragen (»Trotz dieser Diversifikation wird Brokdorf gebaut?«) den Interviewten zu reizen, allerdings ohne Erfolg.

Ähnlich wie das Rundfunk-Interview vollzieht sich auch das Presse- bzw. Fernseh-Interview, wobei beim Fernseh-Interview noch die Person des Interviewten direkt als Beeinflussungskriterium hinzukommt. Beim Fernsehinterview geht der Aufnahme meist – im Gegensatz zum Zeitungsinterview – ein Vorgespräch voraus. Darin wird das Thema erörtert und die Richtung der Fragen abgesprochen. Die Fragen werden in der Regel erst vor der Kamera genau formuliert. Schriftlich im voraus formulierte Fragen und Antworten sind sehr selten, weil sich der Befragte zu sehr auf seinen vorgegebenen Text konzentriert und bei Zwischenfragen des Reporters nicht flexibel genug reagiert.

2   Regeln für den Interviewten

Vermeiden Sie im Interview ausführliche Vorbemerkungen. Der Zuhörer bzw. Zuschauer ist ohnehin durch den Interviewer bereits ins Bild gesetzt. Kommen Sie also sofort zur Sache. Die ersten drei bis vier Sekunden Ihres Auftretens beim Fernseh-interview vor der Kamera sind entscheidend für den Eindruck, den der Zuschauer von Ihnen gewinnt. In dieser kurzen Zeitspanne können Sie die Sympathie des Zuschauers gewinnen oder verspielen. Sie müssen den Mut haben, sich selbst darzustellen und keinen Klischeetyp. Dazu gehört eine gewisse Lässigkeit in der Haltung, ein ungezwungener Fluß in Bewegung und Geste. Zur Sympathiewerbung gehört, daß Sie den Eindruck eines modernen, aufgeschlossenen Menschen machen, Ihr Unternehmen sollte als ein moderner Betrieb in Erscheinung treten. Der Zuschauer bildet sich ein Urteil über Sie nicht nur aus dem, was Sie sagen, sondern auch, wie Sie sich vor der Kamera geben. Der Zuschauer reagiert nicht allein auf Argumente, sondern in gleicher Weise auch auf die Person, denn für einen Großteil der Zuschauer ist Fernsehen Theaterersatz. Ihre Antwort sollte kurz und präzise sein, möglichst nicht länger als 20 bis 30 Sekunden.

Das Wichtigste ist, daß Sie sich durch nichts aus der Ruhe bringen lassen, auch nicht durch Unterstellungsfragen oder andere gezielte Provokationen. Bleiben Sie immer ruhig und freundlich – auch wenn es schwerfällt. Verstecken Sie Ihre Emotionen, wenn das Interviewklima aggressiv wird. Versuchen Sie Zeit zu gewinnen, indem Sie beispielsweise vor der Antwort ausführlich auf die Bedeutung der gestellten Frage eingehen. Dabei können Sie sich eine Antwort zurechtlegen, die nicht unbedingt zu der gestellten Frage passen muß, da durch die ausführliche Begründung der Frage eine gewisse Bedeutungsverschiebung möglich ist.

Eine andere Art der Verschleppung ist eine langatmige Begründung der Antwort, bei der auch die Technik »Einwände vorwegnehmen« (siehe Abschnitt I., 12.3) benutzt werden kann.

Wenn Sie die Frage nicht verstehen oder die Frage Ihnen unangenehm ist, bitten Sie den Interviewer ruhig um Erläuterung. Inzwischen gewinnen Sie Zeit, Ihre Antwort beser zurechtzulegen. Besonders wichtig für die Drittwirkung des Interviews ist die an-

gemessene Körpersprache. Vermeiden Sie peinlichst alle Unterlegenheits- und Verlegenheitsgesten wie z. B. unstete Blicke, unruhiges Sitzen, Kopfkratzen, fahrige Bewegungen, stammelndes Sprechen, Fingertrommeln, mit Gegenständen spielen u. a. m.
Vermeiden Sie Fachsprache oder Fremdworte. Sprechen Sie, wie Ihnen der Schnabel gewachsen ist. Sie sollten den Interviewer nicht mit Namen anreden, das riecht nach Kumpanei. Beim Interview sollten Sie den Befrager ansehen. Wenn Sie ein Statement abgeben müssen, blicken Sie in die Kamera. Klären Sie bei der Abgabe eines Statements vorher, wieviel Zeit Ihnen eingeräumt wird. Eine Minute Sprechzeit entspricht etwa 10 Schreibmaschinenzeilen. Halten Sie sich genau an die Zeit, dann gibt es keinen Ärger mit Kürzungen.

Kontrollieren Sie die Länge Ihres Statements vor der Aufnahme mit der Uhr. Neulingen fehlt es am Gefühl der Zeit. Sie müssen sich vorher über die Behandlung des Themas, zu dem Sie ein Statement abgeben, informieren und klären, in welchem Zusammenhang Ihr Statement gebracht werden soll und wer außer Ihnen weitere Statements abgibt. Diese Vorklärung ist notwendig, damit Sie Ihr Statement entsprechend formulieren und in die Sendung einpassen können.

Lassen Sie sich vom Interviewer nicht unterbrechen, fahren Sie an der Stelle fort, an der man Sie versucht zu stoppen, das gilt besonders für unfaire Angriffe.
Achten Sie sorgfältig auf alle Unterstellungen und weisen Sie sie zurück, damit beim Zuschauer nicht der Eindruck entsteht, daß etwas dran sein könnte.
Die Schlußantwort muß besonders vorsichtig und ausgewogen formuliert werden. Von ihr hängt meistens der Gesamteindruck ab, den man auf die Zuschauer oder Zuhörer macht. Sie sollten das Schlußwort nicht zur Aggression benutzen, sondern sich einen sympathischen Abgang – am besten mit einem gutgewählten Bonmot – verschaffen.

In Tafel 10 sind die Regeln für den Interviewten nochmals zusammenfassend dargestellt.

Tafel 10: Regeln für den Interviewten

Immer freundlich und ruhig bleiben.

Nicht provozieren lassen.

Tempo des Sprechens und die Lautstärke richtig wählen.

Eingehen auf kritische Fragen – besonders freundlich und nicht direkt.

Rückfragen bei unklaren oder unangenehmen Fragen.

Verlegenheits- und Unterlegenheitsgesten vermeiden.

Indem die Bedeutung der Frage betont und begründet wird, gewinnt man Zeit.

Einwände vorwegnehmen.

Widersprechen und sofort unterbrechen, wenn bewußt falsch akzentuiert, unterstellt oder behauptet wird (besonders am Ende des Interviews).

Thema wechseln oder weitausholend behandeln.

Eindruck, den man erzielen will, auf Drittwirkung abstellen.

Reden Sie so, daß auch Laien Sie verstehen (nicht dozieren).

Anhang

Beispiele zur motivationsorientierten Argumentation

Produktbeispiel: Fernwärme

Produktmerkmale	Vorteil	Motiv
Ganzjährige Versorgung	»Wenn Sie wollen, haben Sie es immer warm – auch an kühlen Sommerabenden. Die Wärme steht bei Ihnen immer und jederzeit abrufbereit an.«	Bequemlichkeit, Sicherheit
Kein Bedienungspersonal	»Sie wissen, daß heutzutage der Lohn einen großen Teil der Gesamtkosten ausmacht. Bei der Fernwärme benötigen Sie kein Bedienungspersonal. Damit entfällt für Sie die Suche nach Personal und außerdem sparen Sie noch Geld.«	Bequemlichkeit, Sparen
Vollautomatischer Betrieb	»Ihre Anlage wird nur einmal eingestellt, dann läuft alle automatisch. Der Einfluß der unterschiedlichen Außentemperaturen auf Ihr Raumklima wird automatisch geregelt, und zwar so, daß keine Energieverschwendung bei Ihren Mietern auftreten kann. Damit entfallen für Sie auch die lästigen Auseinandersetzungen mit den Mietern um die Heizkosten.«	Bequemlichkeit, Sparen

145

Produktbeispiel: Fernwärme

Produktmerkmale	Vorteil	Motiv
Keine Brennstoff-bevorratung	»Bei der Fernwärme-versorgung können Sie die Brennstoffbe-schaffung mit all Ihren Problemen in Krisen-zeiten vergessen. Sie brauchen keine Brennstoffbevorra-tung, die Sie letztend-lich viel Geld kostet. Bei der Fernwärme nutzen Sie Wärme jetzt und zahlen spä-ter. Das spart Ihnen Geld und Mühe.«	Sicherheit, Bequemlichkeit, Sparen
Keine Innenkorrosion der Heizkörper	»Es kommt immer wieder vor, daß Heiz-körper von innen durchrosten und da-durch zum Teil sehr teure Einrichtungen beschädigen. Das vermeiden Sie bei der Fernwärme. Durch das besonders auf-bereitete Heizwasser wird das Material der Heizkörper und Roh-re vor Rost und Schmutzablagerun-gen geschützt. Das spart Ihnen Geld und Ärger.«	Sparen

Produktbeispiel: Fernwärme

Produktmerkmale	Vorteil	Motiv
Einmalige Investition	»Mit dem einmalig zu zahlenden Anschlußbeitrag sparen Sie jede aufwendige und kostenintensive Erneuerung von Kesselanlagen, Brenner oder Öltanks. Das alles entfällt für Sie künftig.«	Sparen
Geringe Wartung	»Sie kennen das, je mehr sich ein Teil bewegt, oder je stärker Teile beansprucht werden, desto störungsanfälliger ist die ganze Anlage. Bei der Fernwärmeversorgung haben Sie nur einige Regler, alles unempfindliche Armaturen. Damit sparen Sie fast alle Wartungskosten, die bei anderen Energieträgern anfallen.«	Sicherheit, Sparen
Geringer Platzbedarf	»Durch den geringen Platzbedarf der Übergabestation erhalten Sie zusätzlich vermietbaren Freiraum, den Sie für sich nutzen oder an andere vermieten können.«	Gewinn, Sparen
Versorgungssicherheit	»Durch große Brennstoffbevorratung, den Einsatz mehrerer Kraftwerke mit über 15 Kesseln, die in ein vermaschtes Fernwärmenetz einspeisen sind Sie unabhängig von Störun-	Sicherheit

Produktbeispiel: Fernwärme

Produktmerkmale	Vorteil	Motiv
	gen und Engpässen bei der Beschaffung von Brennstoffen. Selbst in der Nachkriegszeit, als es nichts gab, wurde die Fernwärme stetig geliefert.«	
Kundendienst	»Es gibt Firmen, die bieten ihre Serviceleistungen rund um die Uhr an – allerdings zu unterschiedlichen Preise. Bei der Fernwärmeversorgung erhalten Sie auch einen Service rund um die Uhr, zu immer gleichen Bedingungen, nämlich kostenlos.«	Sicherheit, Sparen

Produktbeispiel: Waschmaschine

Produktmerkmale	Vorteil	Motiv
Vollautomat	»Die einzelnen Waschvorgänge werden vollautomatisch nacheinander gesteuert.«	Bequemlichkeit
Mehrknopfbedienung	»Sie können Wasserstand, Temperatur und Trommelbewegung individuell bestimmen.«	Sicherheit
3 Einspülkammern	»Sie können Waschmittel und Weichspülmittel gleich zu Beginn des Waschvorganges eingeben.«	Bequemlichkeit

148

Produktbeispiel: Waschmaschine

Produktmerkmale	Vorteil	Motiv
Türverriegelung	»Sie haben die Sicherheit, daß bei laufender Maschine die Tür nicht geöffnet werden kann.«	Sicherheit

Produktbeispiel: Gefriergerät

Produktmerkmale	Vorteil	Motiv
Betriebsanzeige	»Die Betriebsanzeige zeigt Ihnen jederzeit den ordnungsgemäßen Betrieb an.«	Sicherheit
Automatische Temperaturregelung	»Sie können sicher sein, daß die Temperatur exakt eingehalten wird.«	Sicherheit
Vorgefrierfach	»Sie trennen das frisch eingefrorene Gefriergut von dem bereits länger eingelagerten.«	Bequemlichkeit
Lagerkörbe	»Die Lagerkörbe helfen Ordnung halten und ermöglichen Ihnen dadurch die schnelle Entnahme des Gefriergutes.«	Bequemlichkeit, Zeitgewinn
Digitaltemperaturanzeige außen	»Sie können jederzeit von außen ablesen, ob die gewünschte Temperatur eingehalten wird.«	Bequemlichkeit

roduktbeispiel: Elektroherd

Produktmerkmale	Vorteil	Motiv
Hohe Heizleistung von Kochplatten und Backofen	»Speisen können in kürzester Zeit zubereitet werden.«	Zeitersparnis
Temperaturgeregelte Automatikplatte	»Die Platte hält automatisch die von Ihnen gewählte Temperatur. Sie brauchen nicht nachzuregeln und sparen somit Energie.«	Bequemlichkeit
Sichtfenster und Innenbeleuchtung des Backofens	»Sie können Back- und Bratgut beobachten, ohne den Backofen öffnen zu müssen.«	Bequemlichkeit
Eingebaute Zeitschaltuhr	»Sie können mit dem Kochvorgang beginnen und ihn abschließen, ohne selbst am Herd zu sein.«	Unabhängigkeitsstreben, Zeitersparnis
katalytische Reinigungshilfen	»Die Backofenreinigung wird leichter, Fettverschmutzungen werden während des Back- und Bratvorganges beseitigt.«	Bequemlichkeit

Produktbeispiel: Wäschetrockner

Produktmerkmale	Vorteil	Motiv
Trocknungs-elektronik	»Ihre Wäsche kommt wie gewünscht aus dem Trockner: – bügelfeucht oder – schrankfertig«	Bequemlichkeit
Geräuscharm	»Das Gerät verursacht keinen Lärm. Es kann zu jeder Tages- und Nachtzeit benutzt werden. Es stört Sie nicht bei anderen Tätigkeiten im Haushalt.«	Zeitersparnis
Knitterschutz	»Die Heizung wird rechtzeitig abgeschaltet, während das Gebläse weiterläuft. Die Wäsche wird abgekühlt und knittert nicht.«	Arbeitsersparnis
Unterbaufähig	»Das Gerät läßt sich problemlos unter einer Küchenzeile einbauen.«	Bequemlichkeit
Vollkondensation	»Die Feuchtigkeit wird im Gerät kondensiert. Daher können Sie das Gerät überall ohne besondere zusätzliche Installation aufstellen.«	Kostenersparnis

Literaturhinweise

Wünderrich, H.	Die Absatzwirtschaft, Heft II 1977
Gassner, Michael	Handbuch der angewandten Phsychologie S. 349–362, Verlag Moderne Industrie 1980
Corell, Werner	Elektrizitätswirtschaft Jg. 74 (1975) Heft 16
Harris, A. Thomas	Ich bin o. k. – Du bist o. k. / rororo 1979
Selye, Hans	Streß – Bewältigung und Lebensgewinn Piper & Co Verlag, München 1974
Vester	Denken, Lernen und Vergessen Deutsche Verlagsanstalt 1975
Hamilton, W. G.	Die Logik der Debatte Bemerkungen über den Glanz der Rede und die Schäbigkeit der Beweise Sauer Verlag Heidelberg 1978
Lay, Rupert	Dialektik für Manager Wirtschaftsverlag Langen-Müller 1975
Brezinka, Wolfgang	Die Pädagogik der Neuen Linken Ernst Reinhard Verlag München 1981
Dommann, Dieter	Erfolgreich verhandeln – aber wie? Elektrizitätswirtschaft Jg. 80 (1981) Heft 4
Weisbach, Eber-Götz Ehresmann	Zuhören und Verstehen, Rowohlt 1979
Mackensen, Lutz	Gutes Deutsch in Schrift und Rede Mosaik Verlag, München 1979